Maria Lindenthaler

Gscheckats Lebm

RUPERTUS

Maria Lindenthaler

Gscheckats Lebm

Fotos: Erika Rettenwender

RUPERTUS
2003

© Verlag: 2003 – Rupertus Verlag, 5620 Schwarzach
rupertusverlag@aon.at
Satz/Umschlaggestaltung: M. Kreuzer
Druck: Salzburger Druckerei
ISBN: 3-902317-02-7

INHALTSVERZEICHNIS

Seite

s gröißt Gschenk

Muata	14
Is alls a Gschenk	15
Du	16
Du und ih	17
Bei di	17
Aufgweckt	18
Über d Liab	18
Hiatz bist da	19
Wiagnliad	20
Muatatag	20
Tauftag	21
Muataliab	22
Weddagschichtn	22
Seliga Gschwistastreit	23

Gscheckats Lebm

Gscheckats Lebm	25
Gottes Gedankn	26
Weg	27
De Zeit rinnt	28
Am Bodn bleibm	28
Friahra	29
Zuagloost	30
s Joah 1911	31
Hoamkemma	32
Schindl am Dach	34
Mei Dom	37
Lebn	38
Sih selm findn	38

Dasei	38
Zualoosn	38
Kimmt allwei andaschta	39
Ohnmacht	40
Annehma	40
Hoffnung	40
Geh	41
Wassa	41
Schuasta bleib ban Loast	41
Übastandege Zwetschgn	42
Traamfedal	42
Was is schon ewig	43
Werd was bleibm	44
Guat sei waa s	44
Eicheloosn	45
Mitanand	45
Bsinna	45
Bachei in da Ebm	46
Jungs Baame in Houhwald	46
Alltag	47
Staad liegst da	48
Wia – wann	49
Ruah	49
Dicke Haut	50
Vagessns Ackal	51
De easchtn Musikantn auf dera Welt	52
Dorfmusikantn	53
Musi	54
Net so wichtig	54
Net traut	55
Zeascht saa	57
Kastanienbaam	57

Händ	58
Da Nobis Schneida	59
Soiz bi ih	61
Mei Lebm a Papierschiffei	61
Tag	62
Ausklaubm	63
Sprüch	63

Durchs Joahr

Berglanzing	65
Um Gertraudi	66
April	67
Löwenzahn	67
Da Spitzbirnbaam	68
Mai	69
Sunnawendn	69
Sunnawendfoia	70
Summa	71
Almwegei	72
Regnbogn	73
s Wedda schlagt um	74
Nohsumma	75
Junga Hiörest	76
Baubleami	77
Altweibasumma	77
Spata Hiörest	78
Da eascht Schnee	79
Salzburger Christkindlmarkt	80
Liacht	81
Nikolaus 1944	82
Grambbei	84
Advent	85

Briaf an s Christkindl	85
D Wintasunn geht auf	86
Dezembafrautag	87
Ave Maria	88
D heilig Nacht um 1900	89
Da 24. Dezember	91
Weihnacht	92
Deno	93
Am Hirtenfeld	95
Weihnachtsfreid	96
Zammkemma	97
Da Wintatoni	98

Mih machts sinnierad

Übasättigt	100
Tratsch	100
Olympiade	100
Agrar – Politik(a)	101
Unrecht Guat	101
Arbeitswelt	102
Diabbisch	102
Alloa	102
D Wächta	103
Kriagskinda	105
Elektrische Großmuata	105
Zündln	106
Da Weltvabessera	107
Fisch	107
All Tag	108
Mahagoni	110
Schuid	111
In Hiörest alloa	112

Braucht alls sei Zeit	112
Nachbarschaft	113
Munter bleibm	113
Liacht und Schaddn	114
Waldis und Schnurlis	115
Drogn	116
Draht sih	116
Nix tan	117
Millenium	118
Traam	119
Oarme Kinda	120
Nix toan	121
Kumpel	122
Ih muass s net habm	123
Almarisch	124
Auffe	124
Elefantnhouzatn	125
Friahra und heit	126

D Viacha um ins umma

Bruathenn	128
Hoamkemma is schee moant d Schwalb	129
Valiabt	129
Brandröiteischicksal	130
D Schbinnawett	131
Eahlich	131
Rechtzeitig herlassn	132
So lock ma insane Vieha	133

Lachn is gsund

Da Rossfex	135
De zwölf Apostln	136

D Oabäurin	137
Gebirglarisch	138
Angebm	139
De grouss Welt	139
Gstanzl	140
Zähndreissn	141
De Briada	141
Da Student	142
Da Fuahmann	143
Sparsam	144
Da Scherz	144
Fakketanz	145
Gierig	146
Guglhupf	147
Deitschunterricht	147
Zaam	147
In da heilign Nacht	148
Da Ministrant	148
Mondscheineg	148
Kettnreim	149
Mei eascht s Eis	150
Nix toa	151
Insa täglichs Brout	153
So habm de Deastboddn üba de Kost gspötlt	154
Hauerliad	155
Schlafmiddl	156
Schwaa zan erklärn	157
Teenager	158
Wandadischgua	159
Was da Baua net kennt …	160

EIN BUCH IST EIN GAR SCHÖNES DING
(Franz Grillparzer)

So ein "schönes Ding" halten Sie geschätzte Leserin, geschätzter Leser nun in Händen. Die Bergbäuerin Maria Lindenthaler aus der Taugl hat es geschrieben, geschrieben in ihrer ureigensten Muttersprache, dem Taugler Dialekt. Und Mundartbücher aus St. Koloman, dem Gemeinde- und Pfarrdorf jener Gegend oberhalb des Tennengauer Salzachtales zwischen Golling und Hallein haben einen guten Ruf, seit dort der ehemalige Schulmann, Dichter und Heimatforscher Professor August Rettenbacher literarische und volkskundliche Kostbarkeiten aus diesem, seinem heimatlichen Bergdorf gedichtet und aufgeschrieben hat.

Aus dieser Schule Rettenbachers ist Maria Lindenthaler gewachsen. Von ihm erhielt sie zunächst Anregungen zum Fabulieren und Reimen. Gut eine Generation jünger als ihr erster Lehrmeister, hat sie aber bald ihre eigenen schöpferischen Mittel und Wege gefunden, Gedanken, Gefühle, Empfindungen, Erlebnisse in sprachlich vielfältiger Form zu gestalten. Gewandt geht sie mit Reim und Vers um als Stilmittel traditioneller Mundartdichtung, nutzt die Möglichkeiten frei rhythmischer Textgestaltung, wenn sie geschickt und gekonnt Satz und Wort so "verdichtet", wie Inhalt und Gehalt eines Textes dies verlangen. Gerade an dieses "Verdichten" geht sie mit Meisterschaft heran, äußerlich erkennbar durch Verzicht auf Satzzeichen in ihren Gedichten. In der Schreibung ihrer Mundart findet sie das rechte Maß zwischen Lesbarkeit und möglichst lautgetreuer Niederschrift.

„Gscheckats Lebm", buntes Leben, nennt Maria Lindenthaler ihr Sammelwerk, damit andeutend, was sie bewegt, was sie in ihrer Welt gegenwärtig erlebt und erlebt hat. Gscheckat, bunt ist ihr Leben, ist jedes Leben.

In sechs Abschnitten spürt der Lesende ihre Dankbarkeit für ihr Leben, erfährt ihre Weitsicht, sie führt ihn durch das Jahr, regt zum Überdenken vieler Ereignisse und Entwicklungen in naher und weiter Welt an und erweist sich als Mensch mit offenen Augen und Ohren für ihre Umgebung.

Alles das ist getragen von einer zuversichtlich christlichen Einstellung und Haltung, oft gelockert mit spitzbübischer Hindergründigkeit und immer spürt man ihre berührende Verbundenheit und Zuneigung zu ihrem „Daheim" in der Taugl.

Wenn dieses Buch nun seine Reise zu Leserinnen und Lesern antritt, so wünsche ich diesen, dass es sich ihnen als das Geschenk eröffnet, als das es die Dichterin aus St. Koloman auf den Weg geschickt hat. Ihr aber wünsche ich noch viel kreatives Schaffen. Freunde guter Salzburger Mundartliteratur freuen sich gewiss auf weitere „Geschenkpackln" aus der Taugl.

Max Faistauer

s gröißt Gschenk

Muata

Muata ih dank da
für dei vorbildhafts Lebm
es hat ma s Rüstzeig
für s Meinig mitgebm

Di habm ma
löb[1] was auf d Schuitan gladn
geduidig mei Muata
hast allsi datragn

Du hast net lang groat[2]
hast vatraut auf n Herrn
ih dank da mei Muata
mecht ah a so wern

Hast ins all gern ghab
hast tröist und ah ghoait[3]
hast mit ins allsand
Freid und Soagn toait[4]

Ih dank da füas Strengsei
han gmoant es waa hoat
heit woaß is s mei Muata
vie hat s ma daspoat

Ih woit mit mein Trutzkopf
iawan[5] durchi durch d Wand
hast dih hergsitzt zu mi
habm lang gredt mitanand

Bald is alls ausgflogn
is randvoi gwen dei Nest
in Stübei
bist ganz auf alloa kemma zlest

Gwiss is da oft öid gwen
so valassn alloa
hättst gwiss iawan gwoat
auf a Bissl schee toa

Du hast da s dabet Muata
de friedlich letst Stund
vagelts Godd füa allsi
d Ruah is da vagunnt

Du bist ja dahoam Muata
mei Herz wird nia koalt
warmts allwei dei Liab
und wurd ih stoaoalt

[1] = ziemlich viel
[2] = nicht lange überlegt
[3] = geheilt
[4] = geteilt
[5] = manchmal

Is alls a Gschenk

S Muntawern in da Friah
s Lebm gspüan
und gspüan
ih han meine siebm Zwetschgn nuh beinand

Da was zan Essn da is
was zan Anlegn
a Dach üban Kopf
a Foia in Ofm

A Lachn gschenkt wird
a liaba Blick
a guats Woacht
d Hand wem gebm deafm

Kimmt alls kreiz und quer
is s guat wann wer da is
der in Gsemperwer[1] zualoost
tröist und oans in Arm nimmt

In Schöpfa dank ih
mit jedn Schnaufa
gspüan um mih umma
is in mir sein Gschöpf

Des is des allagröißt Gschenk

[1] = Jammerei

Du

In der Stund
wia sih dei und mei Weg kreizt hat
hat mei neis Lebn angfangt

Seit den Tag
seit du und ih oan Weg gehn
gspüa ih s Lebn

Ban Geh über Grad
lasst d mih vagessn
da ih net schwindlfrei bin

Beidlt mih da Sturm
deaf ih mih an dih loahn
in deine stoarkn Arm mag ma nix zua

Friat s mih z Innast
warmt mih a Blick
aus deine seelguadn Augn

Steht ma s Wasser bis zan Hals
is dei goidana Humor
da Schwimmroafm der mih rett

Iawan bin ih ma net ganz sicha
ob ih für dih ah des sei kann
was du für mih bist

Du und ih

Hand in Hand
durch s bliahrad Land
mitanand auf Woikn schwebm

Muatigs Wagn
alls datragn
mitanand s Lebm webm

Fädn entwiarrn
Schläg eischiabn
mitanand oft Wundn hoain

Mit ganza Kraft
a weng was gschafft
bleib netta nuh – s Vatoain

Bei di

Auffi achi
hi und her
waht s mih

Bi obm und unt
docht und da

Dahoam bi ih
grad bei di

AUFGWECKT

Wia a woarms Lanzingwindl[1]
stroaft d Liab a vaschlafne Knospm
gschameg bliahts auf
bliaht all Tag auf s Neu

Bliaht nuh in spatn Hiörest
hat längst acha gschniebm
und Wintastürm beitln s
bliahrad brockn s Eiskralln

[1] = Frühlingswind

ÜBER D LIAB

Wo d Liab s Sagn hat
broat sih üba alls
Rupfane und Rauhi
Friedn
Friedn und Ruah

Fallnlassn
in d Liab
ganz eichetauchn
net drandenkn
s kunnt ebban schief geh
sunst bleibst am Ufer steh

D Liab wia an Vogl haltn
soit net s Gfüh habm
s is eigsperrt
denkt s net an s Ausbrechn
bleibt gern dahoam in iahn Käfig

Hiatz bist da

Ih deaf dih in Arm haltn
mei Kind
mei Lebm werd sih hiatz nach deina richtn
so langst mih brauchst

Deine Augn miassn sih eascht ans Liacht gwöhn
ih hoff mei Kind
se wern eahfüachteg d Schöpfung woahnehma
an kloane Sachn Gfalln findn
und suachn was in Vastecktn bliaht

Deine Ouhrn vastehn mih nuh net
ih hoff mei Kind
se wern aus den Lärm in dera Welt
d Woahheit aussa findn leana
und mit Freidn Gsang und Musi aufnehma

Dei Mund is nuh so staad
ih hoff mei Kind
es werd alls üba deine Lippm kemma
va was dei Herz voi is
is s d Freid Soagn oda d Liab

Deine Fiaßein strampen
ih hoff mei Kind
se wern net miad
wann dei Pfad stoaneg is
und se an gradn Weg finden

Ih han dih gern
mei Kind
ih hoff
du kannst dei Lebm lang
liabm und dih gfrei mit ganzn Herzn

WIAGNLIAD

Ih heidl dih – eidl dih
wiagl dih ei
ih huschl dih bussl dih
schlaf na bald ei

Ih lach mit di wach bei di
han dih so gern
ih leb für dih streb für dih
bist mei Liachtn auf Eardn

MUATATAG

Ih segn enk
meine Kinda
seit s ma gschenkt woan seid s

Mei ganz Hoffn gilt enk
ih glaub an enk
meine Kinda

Durch enk
meine Kinda
is mei Lebm reich

Herrgott
ih kann da net gnuag dankn
für des Gschenk

TAUFTAG

Ih wünsch da mei liabs Godei[1], va ganzn Herzn, dass dei Wiagn mit Liab auspoistat is. Dass d Liab in dir a Feierl ankennt, des dih warmt dei Lebtag. Des dih warmt, wanns rund um dih wuchtlt und gfreat.

Ih wünsch da mei liabs Godei, dass d gsund in deina Familie aufwachsn deafst. Dass d Liab um enk a Bandl webt, des enk eng umschlingt, des aba gnuag nachgibt, dass du dih entfaltn kannst und du dein Weg geh deafst.

Ih wünsch da mei liabs Godei, dass d neigiereg bist auf alls. Dass d untascheidn leanst was guat und was wenega guat is. Soit da nia schwa falln auf was vazichtn, is net alls Goid was glanzt.

Ih wünsch da mei liabs Godei, dass d mit offne Augn ausse gehst in d Natur und dih gfreist an allm, was kriacht und fliagt, was wachst und bliaht.

Ih wünsch da mei liabs Godei, dass allwei wer an deina Seitn is, der mit di lacht, der deine Tränen trikat, und an den s dih loahn kannst.

Ih wünsch da mei liabs Godei, dass d den gradn Weg gehst und durch dei Sei hoamfindst in des Land, des da heit vahoassn woan is.

Gern mei liabs Godei mecht ih dih a weng begleitn und wanns d mih brauchst, wer ih für dih dasei und di helfm so guat ih kann.
Gschriebm an dein Tauftag, in Liab dei Godn Maridi.

---

[1] = Patenkind – Mädchen (Knabe = Göd)

MUATALIAB

Und bist ganz alloa
hast s Gfüh – s gfreat da s Bluat
ganz eiwendig drei
gloost s allwei de Gluat

S is in Aschn vagrabm
galling[1] kimmt da grecht Wind
der in Aschn wegblost
schau s Foial – wias brinnt

[1] = plötzlich

WEDDAGSCHICHTN

Is ma oa Ding wann s rengt
is ma oa Ding wann s schneib
is ma oa Ding wann s nebet
und s Wedda schiach bleib

Is s aba a mal grob Wedda
grob Wedda in Haus
aft tracht ih dass s bessa wird
sunst halt ih s schwaa aus

Seliga Gschwistastreit

Wia meine Buabm in d Voiksschui ganga han, is in dera a Mal a Vortrag haltn woan üba Kindaerziehung. Ganz kloa, da bi ih hi. Ih han zwoa koane Probleme ghab mit meine Kinda, aba so was anhean, was a so a Gstudierta sagg, han ih ma denkt, kann nia schadn.

Was ins der alls voagschwafelt hat, ih kunnts heit nimma sagn, aba oans is ma lebhaft in Erinnerung bliebm: „Wann Gschwister streitn, soitn ins mi Dawachsna net eimischn.S Streitn is ganz wichteg za da Persönlichkeitsbildung." Hat er gsagg der Herr, er hat nacha a ganz seltsams Beispie bracht: „Mi soin ins a Flußbedd voastelln. An Haufm Stoandl schiabt s mit am Grund. Durchs Schiabm wern s gschliffm d Stoa, wern schee rund, habm koane Kantn, koane Eggn.

A Oanzlkind hätt s da net so leicht, sih in da Gemeinschaft an z passn. De Streitarein üba de ins mi a so aufregn, han guat und mi soitn ins staddn Eimischn denkn, is grad a seliga Gschwistastreit."

Dahoam han ih des glei mein Mann vazöht. De Kinda habm d Waschl gspitzt.

Ba meine Buabm is s wieda a Mal recht hoaß herganga. Bevoa d Fetzn gflogn han, han ih dazwischn gfunkt. Da Rupert hat mih ganz grouß angschaut: „Was hast denn? Des is grad a seliga Gschwistastreit!"

Gscheckats Lebm

Gscheckats Lebm[1]

Woach und stoahoat
gröbbisch und zoat

Lachn und rean
loosn nix hean

Ausstraa und suachn
betn und fluachn

Krank sei und gsund
obmauf oda unt

Gebm und kriagn
eahlich und liagn

Griassn und pfiatn
geh lassn - hiatn

Prassn und Nout
auf d Welt kemma - Toud

Ohne Liab waa s a Gfrett
leicht dapackat ma s net

s Lebm gscheckat wia s is
Höll und Paradies

[1] = buntes Leben

GOTTES GEDANKN

Jeda Mensch
a niada¹ va ins
du und ih
han bsundane Gedankn Gottes

Mi han grad so gscheckat wia Gedankn
so tiafgründig so seicht
so lebhaft so tramhapad
so hilfreich so liablous
so guat aufglegt so grantig
so grad aussa so unsicha

Ja Herr
du hast deini Gedankn
d Freiheit gschenkt

Du siagst
se toan eah oft vie z vie Kraut aussa
vadrängan andani
dastickn s in Keim

Du woaßt um insa Schwachsei
insa eahlichs Bemüahn
um insa Vasagn

Drum wern ma woih auf dei Barmherzigkeit
dei Guatsei hoffm deafm

¹ = ein jeder

WEG

Da Weg der ins in d Wiagn glegg wird
is oft recht dornig
deaf ma ins n aussuachn
is s a Glücksach
so vie Abzweigunga
gnuag Sackgassn

Da Weg auf den ma gehn
woaß nix va ins
da Stoa an den ma ins de Zechn bluatig stoussn
kennt ins net

Knöpfet ma aba den enga Rock auf
vastraan Freid und Guatsei
aft[1] wachsn Bleame nebm insan Weg
bliahn nuh
bal[2] da Wind scho längst
insa Spua vawaht hat.

[1] = dann
[2] = wenn

DE ZEIT RINNT

Ins schiabt all da Zeitnstrom
und goa neam woaß wohi
oft gnuag unt und iawan obm
dafragatst nia in Si(nn)

Kaam ins voa – habm alls banand
hamb s Paradies goa gfundn
wuzlt s ins scho durchanand
wern oft grausig gschundn

Bloaschn[1] hoain[2] – Mosn[3] bleibm
und weida reißt s ins fort
waas ah schee – deaf neam vawein
schwoabt ins va Ort zu Ort

Nimmt ins auf s unendlich Meer
aft han ma ganz fei gschliffm
d Mosn de hand nimmamehr
da Strom hat s wekagniffm[4]

---

[1] = Blessuren
[2] = heilen
[3] = Narben
[4] = weg gerieben

AM BODN BLEIBM

Liaba schee am Bodn bleibm
und net goa z weit auffe steign
s Abafalln tat narrisch weh
kam am End net gach zan Steh

Friahra

Insani Voafoahn habm s net leicht ghab, spoan, spoan und nuh amal spoan. Des ganz Joah habm s hoat goarbat grad dass d Familie z lebm ghab hat. In de Mehltruhna is oft nimma vie drei gwen, de Troadköist¹ laa und s Wedda hat oft langmächtig net tan, s Troad is auf de Felda, voan Schneidn oda auf de Schöba² wachsad woan. De Bäuerinna habm aft des ganz Jahr mit den nachlassing³ Mehl kochn miassn. De Kinda han nachanand daher gschiebm. Oft hat a Muata net gwisst, wia s d Schnabei stopfm kunnt. Aus löitiga⁴ Nout, han oft Bauan Wilddiabm woan.
S Dokta geh is ausse gschobm woan, bis de meahrawei z spat gwen is. Durch Krankheitn, Ureim⁵ in Stall oda Misserntn, is oanstramal⁶ oana tiaf in d Schuidn kemma. De Nout is oft nuh va Wuchara grausig ausgnützt woan.
Lechn⁷ han mit de Austragleit und de Behindatn, de zan Haus gebm gwen han, vasteigat woan. D Leit habm des ganz Elend in Godds Nam angnumma, ham s annehma müassn.

---

¹ = in riesigen Truhen wurde das Getreide gelagert, die Unterteilungen werden, Köist' genannt.
² = Das geschnittene Getreide wurde zum Nachtrocknen am Acker zu Schöbern aufgestellt.
³ = verregnetes Getreide enthält kaum oder keine Stärke, ist minderwertig.
⁴ = pur
⁵ = Unglück
⁶ = nicht so selten
⁷ = Höfe

ZUAGLOOST

Da Schwalba Hansjörg, 1890 geboan, a Imka, hat ma amal vazöht, wia oarm friahra d Leit gwen han. Wann s bei eahm a Kilo Hönig kafft habm, als Hausmittl, wei de Kinda so a Sucht[1] ghab habm, hat er öfta z hean kriagg:
"Ih han iatzt s Geld net Hansjörg, ih zahl da s, bal ih kann." Mei, habm eahm d Leit daboamt. S Geld hat er allwei irgendwann kriagg, s Zahln is nia vagessn woan.
Da Hansjörg hat sih ganz narrisch gfreit, wei er des nuh dalebm deafm hat, dass heit in de Leit bessa geht und bsundas hat er sih gfreit, wei a niada Alta a bissl a Rentn kriagg.
Da Hansjörg is 1982 gstoabm.

[1] = Verkühlung

s Joah 1911

Mei Schwiegamuata hat ma a Mal iahn Fotoalbum zoagg. Oa Foto is ma aufgfalln, wei de ganz Familie so gspitzad und ganz sunnvabrennt gwen is. Auf mei Frag, warum s da all so schlecht ausschaun, hat d Muata vazöht:

„In Elfajoah is a Katastrophmsumma gwen, hoaß, hoaß und trukkn. In da Alm hat s Viech d Maul und Klauenseich ghab. De meahran Kiah habm s eigrabm miassn. De was d Seich übastandn habm, habm ah koa Milli gebm.
S Troad is blind gwen, wei sih va lauta Tricka[1] da Kern net entwickln kunna hat. Ba insan stikkin[2] Lechn is ah grad a so a Heitei Eachtn üba de Stoa.
Koarn, Woaz, Hafan und Geaschtn habm ma anbaut. An Flachs, den ma selm vaoarbat habm. S Erdäpfi und s Krautackal net z kloa.
D Muata hat va 1891 bis 1910 vierzehn Kinda ghab. In den Summa hat s nimma aus und ei gwisst. Va da Alm is nix aussa kemma, va da Erntn nix z hoffm und s Mehl zan goa wern.
Zwo va meini ältan Schwestan han mit da Bahn in s Innviertl achigfoahn[3] Troad hamstan[4]. Den oan Tag han s mit voie Rucksäck hoamkemma.
S Beddln is daselm vabodn gwen. Auf an Bahnhof habm s a Mal d Schandarm dawischt und s Beddlguat is Bschlag gnumma woan.
De Diandln han allwei wieda achi in s Innviertl und de ganz Familie hat übalebt."

---

[1] = Trockenheit
[2] = steil
[3] = hinunter gefahren
[4] = betteln

Hoamkemma

Ende Mai 1945 muass woih alls drunta und drüba ganga sei. Öftas hat ins d Mami auf n Nockn dachegschickt: "Dati schau." Lang hat s va eahm nimma nix gheat. Ungarn, Plattensee und oa Feldpostbriaf is irgendwo in Jugoslawien aufgebm woan. D Mami hat fest glaub, da Dati leb! Er kimmt wieda hoam!
Durch d Weitnau aussa, habm ma auf m Strassl schwoaze Punktei geh gsehn. "Des han Soidatn," hat d Mami gsagg, "a Mal is insa Dati ganz bestimmt dabei!"
Samstag is gwen, a recht scheena, sunnega Tag. Mi habm nimma "Dati schau" mögn. D Mami hat auf de Knia in Kuchibodn putzt. Mi habm brav hintan Tisch dabei huckn miassn. Hättn ins mit koan Zechei auf m nassn Bodn ankemma traut. D Mami hat streng sei kunna.
Da Hansi hat in da Stubm drei in groussn Wäschkoarbm gschlafm. Z Weihnachtn is er auf d Welt kemma.
A niads hat a Zeddei ghab, des habm ma dakratzlt. Mi habm mitanand oan oanzign Bleistiftstumpm ghab. Mit den habm ma auskemma miassn, freili ham ma iawan ghachet¹. Ih de Grouss, han allwei woartn miassn, bis de Kloan mit eahna Schreibarei fertig gwen han. Wichtig han ma ins voakemma, wei de Briaf hat d Mami all fürn Dati aufgheb bis er hoamkimmt. D Mami hat scho in meahran Bodn putzt ghab, sie is scho drang bei da Kuchitia dabei gwen. Auf oa Mal a schnella Schridd in Voahaus ... d Mami is aufgsprunga ... a Schroa: ... "Toni!" ... Durch de offm Tia habm ma gsehn, wia sih d Mami und da Dati um an Hals gfalln han. Da Dati is eicha mit de dreckegn Schuah in de frischputzt Kuchi und hat ins all drei ganz lang und ganz fest zu eahm zuachidruckt. S Augnwassa is meine Eltern achagrunna, is net vie gschatzt woan. Da Dati is ma ganz fremd voakemma. Sei Gsicht hoih und schwoaz, aba seine blaun Augn han grouß und schee gwen.
D Mami hat s Putzzeig weg graamt. A Fleckei hätt s nuh zan Reibm ghab, des hat s lassn. De ganz Woch is des Flecke dunkla gwen, wia da übarig Bodn.

In Hansi hat d Mami ghoit und hat n in Dati in Arm glegg. Da Dati hat sih auf de Bank higsitzt und hat n angschaut. Mi drei Groußn waan bald z Raffm kemma, wei a niads auf seina Schouß sitzn woit. Wieda a Mal han ih als de Ältest und Gscheidest nachgebm miassn. Auf oa Schouß is da Toni auffikreit und auf de anda d Wawi und ih han grad nebm seina huckn deafm. Geifert han ih mit meine drei kloan Gschwister. S Rean han ih schiaga nimma vabeissn kunna.

„Ih bring da Bleamei Dati!" han ih gsagg, aft bi ih ausse. Ganz bsundas scheene Bleami woit ih eahm brockn, han ma koa schee gnuag gwen. D Äpfibliah habm ma des best gfalln, aba des han ih gwisst, de deaf ih net nehma. Ih han Saubleami brockt, han s köpft und han in de hoihn Stingln Äpfibliah gsteckt. Lang han ih braucht, bis ih a Bischei beinand ghab han. Meine easchtn Kunstwerke han scho welch gwen, de han ih liegn lassn. Mit an kloan Bischei bin ih eiche in de Kuchi.

„Schau, Dati de ghean dei." Er hat s gnumma. Genau han ih eahm s ankennt, de gfrein d n net. „Schee hand s," hat er gsagg, „aba gell, van Äpfebaam brockst nimma koa!" Des liabest hätt ich mih vakrochn.

Bin nuh a Mal aussi und han Vagissmeinnicht brockt. „Dia gfrein mih!" hat er gsagg, da Dati. Hat meini Kunstbleame in Fakntrank gschmissn und d Vergissmeinnicht auf m Tisch gstellt.

Alls is wieda guat gwen

[1] = gestritten

Schindl am Dach

Den Saga han ih in meina Kindheit öfta z hean kriagg, wia ma liab gwen is.
Schindl am Dach, hat s ghoaßn, wann wer in mein Dabeisei an Schatz[1] angfangt hat, der net für meine Ouhrn bstimmt gwen is.
Schindl am Dach, wann ih grad dazua kemma bin, zu an hoagln[2] Diskurs.
Schindl am Dach! Wia mih des anganga is! Gschaftig bi ih ja eh va kloa auf scho gwen. Schindl am Dach, des han ih glei heraust ghab, des han de interessantan Themen gwen, va des grad gschatzt[3] habm de Dawachsna. Hat oans va meine Eltan de Dachschindln in s Maui gnumma, is auf da Stö a Weddaschatz angfangt woan.
Tabuthemen han de van Kindakriagn gwen, oda wann s van auf d Seit geh gschatzt habm.
Mei Vata is in seine junga Joahr a begeistata Wildschütz gwen. D Feiatag Nachmittag han seine gleichgsinntn Spezln aus da Jugendzeit iawan hoam hikemma. Aufpasst habm s wia d Luchs, bals eahne Wildaragschichtn zan Bestn gebm habm, da ih ja nix dahearat. Hat ja nuh so an Spruch gebm: „Va Kinda und Lappm, kannst d Woahrheit datappm!" Der is da hergnumma woan.
Ih han ma aba bald z helfm gwisst. In Summa han ih mih voa s Kuchifensta ghuckt, des is eh meistens offm gwen. In Winta han ih lautstoark mit meine kloan Gschwister aufm Kuchibodn gspielt. Ih han s zwegn bracht, mit eah a mords Gaude z habm und deacht den meahran Diskurs va de Dawachsna auf z gabeln.
Ganz arg is nachn Kriag gwen. D Nachbarn und d Vawandschaft habm in Vatan dahoam aufgsuacht, wia er van Kriag kemma is. Habm selm meist des gleich Kreiz zan Tragn ghabt. Han lötz beinand und zaudürr gwen, va de durchgstanda Strabatzn. Da Vater woit nebm de Kinda nia seine Kriagserlebnisse ausbroatn. Aba aus an Heimkeahra werd s scho aussa miassn habm, de ganz Grausamkeit, des ganz Elend. Und ih, mit mein Gschaft han vie, vie z vie daloost.

Da Vata hat a Mal va sein erstn Fronteisatz gredt: Er woit auf koan Menschn schiassn, auf an Menschn der vielleicht Weib und Kinda dahoam hat. Selm kampflous umbringa woit er sih ah net lassn, er woit ja wieder hoam zu de Sein. Er hat vazöht wia er eahfüachtig üba Gfallne drüba gsprunga is, hat s aba bald nimma gwoaht, auf was er steigt. Se habm va vawundte, rearade, schreiade Kamaradn vazöht, des hint lassn miassn habm. Va junge Buabm, net amal gscheid dawachsn, de nach eahna Muata gschrian habm. Grausamst Vastümmelte, de mit letzta Kraft beddlt habm: „Dalöis mih Kamarad!" Männa, de eahne Eltan in eahn Toudesschmerz vafluacht habm, weil s sie s in d Welt gsetzt habm. Han daloost, Männa han an d Wand gstellt woan, zweng Kloanigkeitn.

Han grausig schimpfm gheat über voagsetzte Nazibonzn. Üba an Vabrecha, der da Führer hätt sei woin. Über d Valognheit auf de Sterbbilda va de Gfallna. „Für Führer, Volk und Vaterland" is draufgstandn, han s auf m Schlachtfeld bliebm. Für de braun Vabrecha war oa oanziga Toudta scho z vie gwen. S Voik hat den verfluachtn Kriag eh nia woin. In Vataland hättn gsunde Mannaleit mehra gnutzt wia de Toutn. S Vataland bluatig hergschundn, is va fremde Mächt bsetzt. Wer woaß s, üba kurz oda lang werd eh alls da Russ kassiern. Voa de Russn habm all heilouse Angst ghab.

Üba d Ami, als insane Befreier is ah gschatzt woadn. Neamb hat s vastandn, dass Plündarunga zualassn habm. Daselm[4], in 45 Joahr, is schiaga all Nacht a Baua ausgraubt woan. In insana Nachbarschaft habm d Räuber an Bauan ans Bett gfesslt, aft hat er zuaschau miassn, wia se de ganz Horde über sei Frau hergmacht hat. Was da gmoant habm, han ih Gott sei Dank net vastandn. Muass schon was Grausigs gwen sei, weil meine Leit a so gjammert habm, üba de oarm Haut. Sie is lang in Spital gwen. In Kellaumüllna in Kuchi habm d Räuber daschossn. In Lunz in da Taugl angschossn. Gwen han de Räuber, a so habm s gmoant, Kriagsgfangane, de untan Kriag bei de Bauern goarbat habm und mit n Hausbrauch vatraut gwen han.

Ih, als fünfjahrigs Diandl, bi mit den alln hell nimma fertig woan. Hätt ma net amal mit meina Mami drüba redn traut. De hat koa Ahnung ghab, va meine Angstn.

In Mühlgrabm is dahoam eah Mühl gstandn. Bal da Vata gmahln hat, han ih eahm oft s Mittagessn bringa miassn. Is ma allwei recht unhoamla gwen, in den dumpfm Mühstübei, des frei a so boddert⁵ hat va da Mühl.

Joahrelang han ih nachn Kriag an lötzn⁶ Traam ghab. Lafft ma heit nuh kalt üban Buggl, bal ih dran denk. Allweil han ih s Gleich traamt: A riesngroußa Ami hat mih mit a Peitschn eichetriebm in s Mühlstübei. D Fiaß und da Hintan habm gfoiat va de Schlög. Ih han mih histelln miassn nebm des eisna Öfei, mih umdrah und d Mauan anschau. Er hat nacha mit sein Gwehr oda iawan mit an Revoiva auf mein Kopf angsetzt und abdruckt. Da hat s nacha in mein Kopf an ganz fuchtbar lautn Duscha tan. Aft han ih recht woarm gspüat, han Stern gsehn und bi muntawoan.

Net grad oa Mal is da Strouhsack nass woan.

A poar Mal han ih gschrian. Aft is da Vata kemma und hat mih gschimpft, weil ih de Kinda aufweck. Gschrian han ih nimma.

Ih han ma a so gfiacht, weil ih ma einbildt han, irgendwo in Finstan steht da Ami. Stach bin ih auf m Strouhsack glegn. Han mih net riahn, kaam schnaufm und net a Mal schlinggn⁷ traut. Han in Speiche aus n Maui rinna lassn. Bin langsam eihigschloffm unta de brunzlert⁸ Hü(ll) und han mih staad ghab. Irgendwann wer ih schon wieda eigschlafm sei.

Ban Schlafmgeh han ih scho allwei auf den schiachn Traam denkt, und han ma gfüacht. Grausig gfüacht. Bin scho a neddla Joah in d Schui ganga, bis er mih valassn hat.

Han mit neam drüba gredt. Es hat an Grund, zweng was ih des aufwarm: Weil mi de heitign Kinda ganz oafach daboarman! Üba d Medien wern so vie brutale Sachn und Gwalt in s Haus bracht. Wia wern s des alls vaoarbatn?

---

¹ = Rede, ² = heikel, ³ = geredet, ⁴ = damals
⁵ = gezittert, ⁶ = schlecht, ⁷ = schlucken, ⁸ = genässte

MEI DOM

D Stimm va sein helln Glöggei hat mei Kindheit begleit. Han daselm wenig Tag gwen in Summa, an de der Klang net z hean gwen waa. S is ja Brauch, da a niada, der des Kiachei bsuacht, am Gloggnstrick ziacht. Her und her miassn s recht vie Leit aufgsuacht habm. Is scho a ganz bsundana Platz. Groußmächtige Palfm, oanege gröißa wia de Kirch loahn umanand. Ganz feialich kemman s ma voa, de Riesn, grad wia wann s za an Plauschei auf an Dorfplatz standn. Recht oafach in sein Schoaschindlgwandl steht s Wihelmkiachei ba eah.
Als kloans Diandl han ih a Mal mein Dati gfragg: „Zweng was liegn denn da so grouße Stoa?"
„Ja mei," hat er glacht, „da is da Herrgodd mit n Wilhelmwand auffe mauan net ganz goa woan."
Bei ganz vie Fragn, wo da Dati koa Antwort gwisst hat, hat er sih auf n Hergodd ausse gschatzt. Is gwiß net vakeaht gwen.
Iawan habm ma in de Summaferien auffi geh deafm za mein Dom, bal d Eltern grad nix zan Anschaffm ghab habm. Gläut habm ma vie und zwischn de Palfm han ma ummananda kreit[1]. s Moos habm ma va eah achakratzt, wei drunta ganz vaschiedne Zoachn zan Voaschei kemma han. Zoachn de ma net kennt, net vastandn habm. Wei ma nia an Buachstabm gfundn habm. Da Platz um an Fagastoa muass scho längst vagangane Völka heilig gwen sei. Sicher hättn s se s auf eah Weis weida gebm, aber mi vastehn eahne Zoachn net.
In Summa is an an niadn Samstag a Mess. Des is was ganz Bsundas, des is, wia wan s Kiachei voi Leit a oanzege Familie waa.
Professa Rettnbacher schreibt in da Tauglakronik: „D Amtskiach hat mit da Kapelln auf den heidneschn Kultpatz übahaupt koa Freid ghab." Aba wei d Leit so zach dran ghaltn habm, hat er nach a eddlas Mal[2] abreissn, steh bleibm deafm, mei Dom.

[1] = geklettert, [2] = etliche Male

LEBN

Aus n Nix kemma
eicha gstellt in d Wet
hoffad
ih häng den scheen Planetn
net z vie Kratza an
bis s zan Geh is

DASEI

Wann wer koan Ausweg siacht
is für eahm dasei
in seina Nahad bleibm
mehr Hilf
wia a Sack voi guade Ratschläg

SIH SELM[1] FINDN

De oagn Middn suachn
weita Weg
so weit
a Mal hingfundn
is Ruah
Ruah und Zfriednsei
Dahoam

[1] = selbst

ZUALOOSN

Oafach zualoosn
kann oan
den s Schicksal grob anpackt
mehr helfm
wia a Litanei Trostworte

Kimmt allwei andaschta

Nimm da nix voa
und bild da nix ei
in nächstn Moment
kann alls andaschta sei

Fühlst dih pudlwoih
es passat grad alls
in nächstn Moment
hast an Mühlstoa am Hals

Druckt s dih frei nieda
auf d Eardn de Last
gwoahst in nächstn Moment
dass d eh Mitstreita hast

A Liad auf de Lippm
geht d Oarbat va da Hand
in nächstn Moment
bist saulötz banand

Bist ganz alloa
alls vanebit und triab
in nächstn Moment
is s Herz volla Liab

Dei Auskemma hast
s geht da ummandum guat
in nächstn Moment
brinnt hellauf da Huat

Hast da vie zammgruacht
gnuag habm taats d nia
in nächstn Moment hoasst s
du gehst hiatz mit mir

OHNMACHT

Finstan
a Abgrund am Weg
Nebe
hüllt alls ei
kriacht nachtns is Bedd
kalt wia a Fisch

Zweng was
zweng was denn
lautloasa Schroa
aus truckna Schlund
de Frag
auf de s koa Antwort gib
lasst s Bluat in de Adan schiaga
gfrean

HOFFNUNG

A Keimling in da Wüstn
alloa in da Wüstn
s Augnwassa netzt n
d Liab webt den fein Pflanzei an
Schaddn
da Schnaufa warmts in da Nacht
s Pflanzei wachst
wachst zu den Bam
an dens d dih loahn kannst

ANNEHMA

Annehma
s Fragn aufgebm
und annehma
annehma kunna
in Gotts Nam annehma
und s Lebm gspüast wieda

Geh

Gschaftigs Trippen umakrein
allwei gnetig koa Vawein
ausse üba d Homat grasn
kimmst bald drauf a Soafmblasn

Gmiatlich geh koa Hasterei
gach rennt oans am Glück vabei
d Fiass aufhebm
wann s stoanig werd
aschling¹ geh – waa s net vakeaht

Wird aft langsama da Schridd
gwoahst as bist scho üba d Midd
in letztn Weg brauch ma net fiachtn
füaht ins himmigwiss in d Liachtn

¹ = rückwärts gehen

Schuasta bleib ban Loast

Is nix
wann Oans alls anfangt
wird oft ninascht nix Gscheids
auf den Platz wo s d higstellt wirst
alls so guat wia migla toa
aft bist mit di selm z friedn

Wassa

Mecht sei wia du
lebendig wia a Quelln
frisch – in Duascht löschn
geduideg – alls annehma
stark sei – Lastn tragn
kunnt ih dir a bissl gleichn
Wassa

ÜBASTANDEGE ZWETSCHGN

S Laab farbeg aussa putzt
geht staad mit di nieda

S Bunggert[1] is da vaganga
recht faltrig dei Haut
silbareifig glanzt s nuh allwei
aber moa[2] is s

Siaß bist
so siaß und guat schmeckat
wia s d in deina bestn Zeit net
gwen bist

Hast alls in di aufgnumma
seit s d weiß gwandt in Mai
auf dein Astei gschaukelt hast

Verliabtn Voglgsang
Summahitz und Wedda
und in goidan Hiörest

[1] = das Pralle
[2] = brüchig

TRAAMFEDAL

Fliag mei Tramfedal fliag
Silbastroaf am Horizont

Gring durch s Universum schwebm
hint lassn in Pack Alltagsgwürxt[1]

In junga Tagliachtnglanz gwoahn
aus den Pack is a Packei woan

[1] = Alltagssorgen

Was is scho ewig

De Berg in da Urzeit aufgfaltn
aufranand ghebt Schicht um Schicht
für d Ewigkeit gschaffm
moant mih

Was is scho ewig

A Handl voi Zeit
deafm mi mit insane Berg lebm
in den Stiamei dalebm mas oastramal[1]
da was logga wird
logga wird und nieda geht
Felswänd spaltn sih
teifen zamm d n Klettasteig in de Tiafm
de so markant Bischofsmützn
z bröslt

Was is scho ewig

Was wern s für a Gschau habm
insane Berg
bal s näxt Millenium is
de Bischofsmüztn
is gwiss grad nuh a Kappei

Ewig is goa nix

---

[1] = einige Male

Werd was bleibm

Hiörest han auf dih nia gwoat
bi zwengden mittn drinn
Nacht han endlous – endlous - hoat
s Fruahjahr hätt ih nuh in Sinn

Fruahjoah Summa han wia Tau
d Sunn hat n längst scho trunkn
Hiörest ih gspüas ganz genau
ah du bist bald vasunkn

Tau vatrickat – is was bliebm
a Blick – a Wort – alls zamm
auf an Stoa steht vielleicht gschriebm
a Stiamei glei mei Nam

Guat sei waa s

Wann a niada sein Nächstn
nahmat wia er is

De Junga de Altn
begreifadn

De Altn de Junga
net in Weg standn

aft waa a guats Sein

EICHELOOSN

Guat loosn
wia da Gruass klingt
waa leicht überheat
wann s oan net guat gang

MITANAND

Zäun niedareissn
Zäu va lauta nix vagunna mögn
Zäu va Stoiz und an Haufm eibildn
Zäu niedareissn

In Nächstn zuacha lassn
auf eahm zuageh
Freid und Load toain
und d Schaddn
weichn da Sunn

BSINNA

Staad wern
falln lassn
und mih selm
mit Augn sehn
de wem andan ghean

Mei schlafads Ih
übedrah und gwoahn

Oanegs is net ebm
Zbuigats[1] ghearad büglt
und eddla guade Voasätz
schleinegst abgstaubt

[1] = Zerknittertes

BACHEI IN DA EBM

Bachei in da Ebm
liegst so bleian in Bedd
in welcha Richtung dei Weg
zoagst insas net

Greane unhoamlane
leblouse Briah
koa Stoa und koa Nöckei
spielt neam mit dir

Daboamst ma fei eahlich
Bachei in da Ebm
schwaamüatig wurd ih
miat[1] ih nebm deina lebm

[1] = müsste

JUNGS BAAME IN HOUHWALD

Guat aufgheb
goa z guat aufgheb
zwischn de stamminga Altn
braucht koan Sturm trutzn
sei Kraft nia messn

a Mal fallnand s d Riesn
werd da eascht Windstouss
s kraftlous Baame schmeissn

Alltag

Goamauin[1] rembsn[2] munta wern
a Stiamei[3] druck ih halt nuh gern
in Poista – der Stuim[4] gheat mei alloa
sinnia – was wer ih heit alls toa

Allwei s Gleich – werd nix andascht sei
ebbs werd mas stian und ebbas gfrei
passt ebbs net – bin ih selwa schuid
am seidan Fadn hängt de Geduid

Staadsei wegschau – is oft schwaa
ih woaß s a net ob s bessa waa
tat ih ah nuh mein Senf dazu
tuat innbei weh – nach ausst is Ruah

Muaß vie toa was mih net gfreit
han s gestan gschobm – amend grats heit
wann d Nacht wieda in da Eggn huckt
woaß ih s – mei Zie(l) is nahata gruckt

[1] = gähnen
[2] = strecken
[3] = ein Weilchen
[4] = eine Weile

STAAD LIEGST DA

Da liegn und in Plafon anschau
siagst n
siagst übahaupt was

Meine Voa – und Nachmittag ghean dei
hast mih scho a Mal gwoaht
oda woartst eh auf mei Kemma

Han gmoant ih dapack s net
a niads Hergeh a Kreizweg
dih so liegn sehn – net helfm kunna
Heit bi ih frouh
du bist da
ih kann dih bsuachn – di alls vazöhn

Nix goa nix foligt da
da Speiche rinnt da aus n Mund
netta d Augn bewegst

Han da oft koan Acht gebm
han da iawan[1] net amal zuagloost
is so vie wichtiga gwen

Heit woass ih s
wia kostbar a niada Augnblick mit di is
und was ih vasaamt han

Hiatz woass ih s – wia s weh s tuat
s net Zualoosn
s Streichen und nix zruggkriagn

Joahrelang allwei s Gleich
woatst auf mih
oda hast as nuh nia gwoaht –
da ih da bi

So staad liegst da

[1] = manchmal

WIA – WANN

Gvatta Toud
bist ma net fremd
was hast ebban voa mit mi

Hast d Sens scho gwetzt
nimmst mih in Vabeigeh mit
sei und nimma sei

Spielst mit mih
lasst mih eddlas Mal va da Schaufe falln
nuh a bissl hoffm

Sitzt in mein Bedd
lasst mih lebluos hänga
glangst net drum

Hoffat – Schmerzn
lassn mih net ganz ummansunst
nach dia schrei

Grad net selm in dei Sens falln
so vie Kraft wann ma gschenkt wurd
da ih dei Kemma dawoat

Is wann dawö
wia dawö
Gvatta

RUAH

Ruah
de wer ausstrahlt
is de Stimmung
wann wer mit eahm selm zfriedn is

a Zfriednsei
mit sein Innerstn
a Zfriednsei
mit sein Rundummadum

DICKE HAUT

A Wandaweg anglegg durch n Feichtnwald
a schees Geh
schaddeg in da Hitz
a weng gschützt in Regn

D Eachtn wegtrett
blouß liegn d Wurzn
hatschada Schridd
und grobe Schuahsoihn toan eah weh
Pech vie Pech kimmt aus de Wundn

De Baam lassn eahne Wurzn
a dicke narbege Haut wachsn
a Haut der nix nimma zua mag
koa grobe Schuahsoihn
koa hatschada Schridd

A dicke Haut
wann ih hättat
a ganz a dicke Haut
aft mecht mi ah net leicht was zua

Vagessns Ackal[1]

Genarationen habm s ausgstoant
a niads Stoandl des da Spatn gspüat hat
is auf s Mäual glegg woan
d Mauan is gwachsn rund um s Ackal
und hat s voa n Wind gschützt
alls was s auf m Ackal anbaut habm
is guat - recht guat gwachsn

Wia da Ackabau maschinell betriebm woan is
hat s kloa Ackal nimma koan Wert ghab
habm s vagessn
vagessn wia se Genarationen plagg habm
zwischn Gstaudach[2] und Baam is nuh d Mauan zan Sehn
fleckweis übaranand grumpelt
hübsch luckat is s

Ih kimm ma[3] selwa[4] voa
wia a so a vagessns Ackal
habm Genarationen ausgstoant aufgricht und weidagebm
was eah wichtig gwen is
und was für guat haltn habm
Tratition hat d Mauan um mih umma ghoassn
des Mäual dahalt ih nimma

Is ah luckat woan
lasst in Wind eichablasn
an neichn Wind
net grad an Guadn
durch d Luckna kimmt oft a Eiswind
dagegn stemma
is schiaga[5] net migla

[1] = kleiner Acker, [2] = Gesträuch, [3] = mir, [4] = selbst, [5] = fast nicht möglich

DE EASCHTN MUSIKANTN AUF DERA WELT

Tramhapad hängand s ummanand de zwoa Vajagdn. Zeitweis gehn sa sih aus n Weg. Sie tragg goa so schwa. Wei sie net gfoligt[1] hat, geht s eahm ah net guat.

In Herrn daboaman s frei. Aba Zrugg gibt s koans. Sein easchtn Posaunistn beauftragt er, ache auf d Welt z geh und de zwoa Leit s Musiziern bei z bringa. Gfrei tuats den koa bissl, aba deacht seglt er foigsam auf da Stö ache. In Adam lasst er a Kniddei beoarbatn. Der wundat sih, was denn netta in eahm gfoahn is. Wiad eahm a Kniddei hi, suacht er in gleichn Augnblick a Nois. Kloani Löchei schneidt er in d Ringg. Draht s hi und her, bricht eahm s und fangt va voan an.

D Eva kimmt mit a groussn Huafbletsch[2] voi Eachtbia[3]. Iah is s, wia wann s an Vogl hearat, den s bis hiatz nuh nia daloost hat. Den Gsangl geht s nach. Wia angwachsn bleibt s steh, mit offna Maui. Na sowas! Da Adam! Wia der aufschaut, lacht s üba s ganz Gsichtl. Vagißt auf de Bia[4] in iahne Händ und lafft mit ausbroate Arm auf eahm zua. Er steht auf und druckt sei Eva, bis s frei um Luft schnappt. „Adam, so was Schees!" Ganz wohlig is eah z muat.

A Unruah kimmt üba d Eva. Sie spannt Fadn auf a truckne Astgabe. Zupft s und is net zfriedn. Wia bsessn suacht s Äst. A Oachiastgabe passt iah. Handlich is s und stach[5] gnuag ah. Und wieda spannts d Fadn. Schau, schau goa net so lab[6]. Sie summt dazua.

Da Adam nimmt sei Kniddei und se spien mitanand.

Seid s nimma in Paradies han, han s eah wieda s erscht Mal so ganz va Herzn guat.

Da Posaunist krazt sih in Kopf. „Mei, mei des werd nuh lang dauan, bis des was Gscheids wird."

Und da Herr gib eah Zeit, vie Zeit.

---

[1] = folgen, gehorchen, [2] = Huflattichblatt [3] = Erdbeeren, [4] = Beeren, [5] = steif, [6] = nicht so übel

Dorfmusikantn

Einsatzbereit an niadn Tag
s Privat wird zrugg gstellt - goa koa Frag
is ganz oa Ding wer nach eah schreit
de Kirch de Gmoa wird wo was gweiht

Für se is braucht werdn goa koa Plag
weil s ja de Gemeinschaft tragg
ob jung ob alt - se haltn zamm
stehn hintan Kapo wia oa Mann

Wann d Ortsvereine jubiliern
is d Musi da - dass schee maschiern
a neddla Tag währt so a Fest
d Musi halt durch und gib des Best

Hat oana gspielt sein Schlussakkord
hofft er – es woart am ewign Ort
auf eahm sei liabests Instrument
um Gott zu lobm ohne End

MUSI

Wo man singt
da lass dih ruhig nieda
wo musiziert wird
da kimmst allwei wieda

Han a ganz oagne Rass
de musikalischn Leit
voi Harmonie
und voi eiwendege Freid

D Freid an da Musi
gibt an niadn de Kraft
da er nebm da Arbeit
s Probmgeh leicht schafft

Habm a Gspüa für Gemeinschaft
und für s Mitanand
waa ih oan Mal nuh jung
gab an Musikantn mei Hand

NET SO WICHTIG

Staubkeandl
han ma auf dera Welt
nimmt ins d Erdn auf
hinta lass ma koa Luckn

Net traut

D Märzsunn brennt unbarmherzeg. De Berghofkinda han scho seit zwo Stund aufm Hoamweg va da Schui. Eah Eltanhaus is des höchstglegn in da Gmoa. Oaschichteg stehts obm, mittn in de stikken Felda. Boshafte Mäula sagn, am Berghof is noutleideg da Stubmbodn ebm. S Haus is broat und druckt. Westseitig schütz s a mords Felswand.
Grausig vie Schnee is gfalln in den Winta. S Schuiwegl is flous[1] da. Da Föhn, d Märzsunn und d Eachtwärm habm aus dera flaamwoachn Hüll an nassn, griasegn Baatz gmacht.
D Anna wat(t) iahne zwoa jüngan Gschwista voa. Bei jedn Schridd brichts bis zan Bauch ei. D Lodnhosn is watschlnass und Schafwoistrümpf drunta ah. De beissn ganz elendig. D Schuah hand dawoacht und d Fiaß sapfitsn in kaltn Wassa.
Schwoaze Käfal krabben umanand, Schneefloih. D Anna schiabt s auf d Seit und ißt langsam a Hand voi nassn, körniga Schnee. A bissl rastn. Sie kann schiaga[2] nimma.
Seit Weihnachtn brennt a Wunsch in iah. In d Hauptschui mechts geh und Lehrarin werdn. Sie hat s net übas Herz bracht, dass sie s iahne Eltan gsagg hätt. Sie is mit iahne elf Joah da Muata a grousse Hilf.
Wann s Geld net waa, des gnouteg Geld. Sie woass, iahne Leit drahn an jedn Schilling zehn Mal um bevor s n ausgebm. Nächts Joah miassn s in Stall nei bau, da alt fallt sunst am End nuh zamm. Se spoan eah förmlich alls von Maui a(b), füa de Kinda muaß des alla, alla Noutwendigst kafft wern.
Gangat d Anna in d Hauptschui, miassat s in da Stadt in Intanat va de Schuischwestan bleibm. Net zan Ausdenkn! De teian Schuibiacha und neis Zeig zan Anlegn. Mit de grobgnagltn Schuah van Schuasta Seppei wurd s a nimma koa Freid habm.
Da Leahra hat iah streng aufgebm: „Frag bestimmt deine Eltern!" Stoiz waa er auf sie, wei er übazeigt is, sie schaffad d Lehrabildungsanstalt spielend. Übamoagn, am easchtn April muaß s Ansuachn um Aufnahm ins Internat abgschickt wern.

„He schlafst scho?", mauit da Bruada. D Anna wat(t) weida in Grabm zua. Des kloa Bachei is a brauna reissada Wildbach. A schmala Steg aus zwoa Schleifhölza is drüba anglegt. Weißa Foam kroast um den groußn Stoa, va den grad nuh da Spitz aussa steht.

A kalta Schauer laft Anna üban Buggl wias auf des nass Hoiz steigt und ban dünna Glanda traut sa sih schiaga net anhabm. Alls draht sih voa iahna, wen s auf de tosadn Wassa unta iah schaut.

De anda Grabmseit is schaddseitig, da brechn de Kinda net ei. Auf da Ötz geht de Stapfarei wieda weida. D Sunn fallt hinta de Berg. De Gipfin und de Gletscha leichtn nuh rout. Da Föhn tragg riesige Schneefohna üba de Gradn. Aus de Schluchtn kreit des Dusta.

Da Bruada wexlt d Anna ban Voawadn a(b).

„Wann ih nächsts Joah nimma dabei bin," sinniat s, „ob de Kloan in Weg scho dapackn? D Schwesta is recht a feins Daxei und a Easchtklassla werd ah dabei sei." Sie is hi und her grissn.

De Kuchi is schee woarm eighoazt. Am Herdrand is s Essn woarmgstellt. Vata und Muata han in Stall. Aussa van nassn Zeig. Alls wiad übas Ofmstangl zan Trickan aufghängt. Ban Essn huckn sih de drei auf eahne koaltn faltrigna Fiass drauf, langsam dawarman sih de Zechn.

De kloan Brüada spieln aufm Bodn mit Baustöckei. D Anna zünd s Betrolilicht an und stellt s auf an umdrahtn Häfm auf n Tisch. Aft helfts de Gschwista bei da Aufgab.

De Kloan han so lästig. Auf a Haarl schmeissns s Tintnglasl um. Lang dauats net, aft scheibm s all fünf auf m Kuchibodn umanand. Hausn[3] um, a so a Gaudi, und Luxi, s Hundl, mittndrei und ghalt[4].

Da Lärm muass bis in Stall ausse z hearn gwen sei. Da Vata stousst de Kuchitüa auf. „Was schreits denn a so! Anna, du alts Trumm, kannst auf de Kinda net aufpassn!"

S Augnwassa rinnt iah acha. „Heit sag ih s, heit sag ih s! Is s wia dawö!" Ban Milligschirr awaschn murmits hoamla voa iahna hi, was s sagn werd, lang woaß scho a niads Woacht.

S Milligschia stapits aufm Kuchifenstabanke auf.

Staad löffen s d Schottsuppm. Sie legt als Easchts in Löffe weg. „Hiatz …
hiatz sag ih s." D Muata schauts an.
„Feiht[5] da was, Anna?"
Sie beitlt in Kopf a(b) und sagg nix.

[1] = seicht (auf der Oberfläche)
[2] = beinahe
[3] = bellt
[4] = spielen, Spass haben
[5] = fehlt

ZEASCHT SAA

Ninascht rinnt Milli und Henig
fliagn bratne Taubm ins Maui

Zeascht muass gsaat wern
nacha kunn ma erntn

KASTANIENBAAM

Zuachegstuzt
bis zu de vanarbtn Stummen

Mechst moan
eahm habm s s Lebm gnumma

Und deacht treib er aus
kraust wia a Kindaköpfi

So vie Kraft mecht ich ah habm
zan Neianfanga

Nach jedn grobm Gstuztwern

HÄND

Händ de zärtlich – sagn meah als Woacht
han s voi Schwüln – va da Oabat hoacht
wanands d Liab so woarm umschlinga
lassn s d Herzn selig schwinga

Händ de ruachad d Säck anstopfm
wanns ankunnan – den Näxtn ropfm
hammand z toa mit n Reichtum stapin
und den Götzn Mammon papin[1]

Händ de Vazagti üba d Schluchtn füahn
bis s wieda festn Bodn gspüan
de s Brout brechn mit de Oarma
de Altn helfm – voi Daboarma

Händ de alls gröbbisch wegatstoussn
traunand sih neamd zuachi lossn
wissn net um s Glück van Gebm
s Schenkn machat reicha s Lebm

Händ de koan Stoa auf andani haun
üba d Grabm hi Bruggn baun
d ausgstreckt Hand glei freidig nehman
gern an Schridd entgegn kemman

Habm mas net selwa in de Händ
wohi sih insa Schicksal wendt
ob Neid und Habgier s Dasei triab
oda Friedn is und s Guatsei d Liab

[1] = päpeln

Da Nobis Schneida

Er is scho schneeweiß hoarad gwen, wia ih n kenna gleant han. A gstockats Mannei, allwei guat aufglegt. Mit zwo Kruckn is er ganga, goa net so langsam. Ban Kiachngeh hat er mit de Bauan leicht mithaltn. De Kruckn han hölzern gwen, a Wagner hat eahm s nach Maß angfertegt. S Rundhoiz unta da Iaxn, hat er selm poistat. Oa Fuaß is ban Schneida um a Trumm kürza gwen, der is ban Geh umananad gschwanzlt, wia wann übahaupt koa Knochn drei gwen waa. Ba oana Kruk is des Querhoiz des zan Drumglanga is auf oana Seit a Drumm voagstandn. Üba den Spriessl hat da Schneida sein schlengladn Fuaß drübaghäng, bal er hergstandn is. Da anda Fuaß is ah recht vawearlt gwen. Seine Schuah ganz kommisch, schiaga koa Voafuaß, so viereggate Stöckin han s gwen.
Da Schneider is Witwer gwen, wia er ban Steahgeh a Tauglerin kenna gleant hat. Sie is bald sei Weib woan. Se habm sih in da Taugl niedalassn. Des Glück is va kurza Daua gwen. Bei da Geburt va eahn easchtn Kind is de jung Frau gstoabm. D Mariann, des kloa Woasal hat de Dori – Toni angnumma und grouss zogn.
Da Schneider hat nacha s Bäcknkathei gheirat. Mit da Kathi hat er an Buabm ghab. In Rupert, de zwoa Leitln eah ganze Freid. Da Bua is mit alln recht spat dran gwen. Dalernt hat er goa nix. Seine Handl han zu nix z brauchn gwen. De Kathi hat n sei Lebtag fuaddan miassn. Bei da Stiagn hat da Schneida a Gaddal anbringa lassn, da hat er oafach an Ring drübaglegg, üba an Spriessl van Gaddal und üba d Säul va da Stiagn. Da Bua hat des nia begriffm, da er des Bandl grad aufhebm deafat, und aft s Gaddal aufgangat. Er is flink durch d Wohnung glaffm, hat unmenschliche Laute plärrt und da Soafaling[1] is eahm allwei abagrunna. De Kathi, de Guatheit selm, hat de zwoa Mandaleit guat vasoagt. Da hast nia neam jamman gheat, in Schneida net und de Kathi ah net.
Ban Schwalbariapi auf da Wegschoad habm s in oban Stock, in a Mansardnwohnung ghaust. In da Kuchi hat er sein Schneidatisch ghab, üba de ganz Breatn, mansardnseitig hätt er nimma steh mögn, wei s z nieda gwen

is. Gsessn is er ban Nahn auf da Schmoalseitn van Tisch, da hat er genau ban Fensta achegsehn auf d Strass. Und übasehn hat da Schneida nix.
Gegnüba van Schneidatisch hat de Kathi kocht. A Ofm, a kloane Kredenz und a Tischl is ah nuh da gwen zan Essn.
Sei Handwerk hat er vastandn. Er hat vie Oarbat ghab. Nachn Kriag is s iawan frei a weng zan Woatn gwen, bis oans mit sein Auftrag drankemma is. Wei seine Fiaß net z brauchn gwen han, hat er d Nahmaschin mit da rechtn Hand, mit ach kloan Kurbe antriebm.
Er is ah auf d Stör ganga. Mit n Roßgfuahwer hat er sih abhoin lassn. Mitgnumma hat er sei Werkzeig, d Nahmaschin und s Bügleisn, a ganz a schwaas Drumm. Des Eiwendiga davon, an Gusseisnstahe[2], hat er zan Aufhitzn in s Headfoia glegg. D Stubm hat schee woarm ghoazt sei miassn, eahm hat s leicht gfroan.
Ba ins dahoam is er ah iawan in da Stör gwen. Da han ih allwei d Waschl gspitzt, was de Dawachsna gschatzt habm. Amal hat er meine Eltern vazöht wia s herganga is, wia er um seine gsundn Fiaß kemma is. Da Schneida is a Innviertla Bauanbua gwen. An Knecht han ban Dunga d Roß durchganga und habm m übafoahn. Daselm is er erst vier Joah alt gwen. Sterbm hat er net mögn, so is er halt woan wia er is. Sei Vata hat eahm d Schneidaleah zahlt. Er hat d Moastapriafung gmacht, und hat sih leicht fortbracht.
„Handwerk hat guidan Bodn," hat er gsagg, und hat glacht.
Mit guade zwoanzg Joah is sei Rupert gstoabm. Da Bua is sei Lebtag koan Tag aussa Haus gwen. In koana Schui und in koan Heim. Ba seina Beerdigung han ih in Schneida s letzt Mal gsehn.
A Joah späda is er selm hoamganga. Wia ih sei Sterbbidl in da Hand ghab han, han ih glesn, er hat Felix ghoassn.
Felix Nobis.

[1] = Speichel
[2] = Form aus Gusseisen wurde erhitzt und in das Bügeleisen geschoben.

Stoiz bi ih

„Stoiz bi ich," sag ih. Er lasst mih net ausredn.
„Auf was ebba?", sagg er, „Bist vie z grobschlachtig!"
„Na, na, auf mih selwa bild ih ma eh nix ei! Aba stoiz bin ih deacht!"
„Auf was ebba?", fallt er ma wieda ins Woacht. „Auf dei billigs Auto brauchst da nix eibildn!"
„Geh, wia kimmst denn auf des? Auf a Foahzeig kunnt ih nia stoiz sei, is grad a Gebrauchsartike, a sautoiana! Ih bi aber stoiz, deafst mas glaubm."
„Auf was nachad? Woaßt as woih selwa net?"
„Hiazt lass mih amal ausredn! Stoiz bin ih, weil ih a Tauglan sei deaf, und dankbar bi ih, wei mih da Herrgodd auf m scheenestn Platzl von da Welt falln lassn hat!"

Mei Lebm a Papierschiffei

Mei Lebm a Papierschiffei
auf an kloan See
a guata Wind bring s voawärts
treib s iawan in Kroas
blast schoaf da Wind
draht s Schiffe schiaga auf
aba s Wassa tragg s

Bald werd s zammfalln s Schiffe
de Tiafm nimmt s auf
werd auf m Wasser
an Augnblick lang
a kloana Ring sei
der sih staad ausbroat
und vageht

TAG

Junga Tag
kostbars Gschenk
voi Freid fest in d Hand nehma
de ganz Kraft auf dih ausrichtn

Des Gestrig
und alls was gwen is
hintlassn
hintlassn wia an Traam

In Augnblick
woahhaftig lebm
mit wache Sinn
mit ganzn Herzn

A Aitzei[1] wachsn
in da Liab
in Guatsei
in da Geduid
langsam zeitign
zan ewign Sei

---

[1] = etwas winzig Kleines

AUSKLAUBM

Ausklaubm
an allm hängan Erinnarunga
und Fasern va mi selba

Zfranst bi ih
wann ih alls beinand ghalt
werd ih allwei zfranster

Vergiss woih auf des Wichtigest
vergiss dass ih leb
vergiss auf s Lebm

SPRÜCH

Is wer houh dran gwen, hats meahra Sprüchei gebm:
Anbrennt is gsoddn gnuag

A Toan, wia wann da grouss Hund sei Göd waa

Wann s auf de Gröiss ankam mecht de Kuah de Katz dalaffm

Zeit lassn
Leichter was dawoartn wia was dalaffm

A eilender Mensch hat koa Glück

Wann s wo friah Feierabend gmacht habm:
De huckn mit de Henna auf.

Han s aba wo net recht aufdastandn:
De scheint d Sunn auf s Loch

Durchs Joahr

BERGLANZING[1]

D Schneedeck is hoih
drunta woaßt woih
keimt s fest und treib s
und obabei schneib s

Eascht s Windfedalgspie
macht s gscheckat d weiß Hü(ll)
platschlt ummandum munta
mischt sih Voglgsang drunta

Bald s docht und da bliaht
ja da roglt sih s Gmiat
ih han dih so gern
werd zan Nesteibau wern

[1] = Bergfrühling

Um Gertraudi
(17. März)

D Schneedeck de luckat
in da Friah übazuckat
ban Tag busslt s d Sunn
niads Mausloch a Brunn

Hat um d Starln an Gnöid
Südwind stroaft d Welt
beitlt d Haslnuss Staudn
wia d Wiaschtei fei staubm

Des gwoahnan de Bei[1]
tragn husig fest ei
de easchtn Bliah leichtn
da unta de Feichtn

Lebableami alls blau
sagg eah silbarigs Gschau
halladara
s Fruahjoah is da

---

[1] = Bienen

APRIL

Da April
des is a launiga Kundt
is s bachewoarm
schneib s nach a poa Stund

Is s a Mal truckn
glei drauf patschlnass
tuat was er will
auf eahm koa Valass

Mi kimmt halt voa
is grad so wia d Leit
treibm s oft recht gscheckat
habm eah spinnade Zeit

LÖWENZAHN

Du Löwenzahnbliah
wo bist in da Friah
hast de goida Pracht
eigspiat üba d Nacht

Is a Schatz in dein Köpfi
hiatst[1] n voa Tautröpfi
grad da Sunn gibst n preis
wiast bald silbaweiß

De Kinda guat ghiat
dass was aus eah wird
an Fallschirm mitgebm
und aussi is Lebm

[1] = hütest ihn

DA SPITZBIRNBAAM

A föhniga Märzmoagn. D Hack gschuitat und d Motorsag in da Hand, geh ih aus da Werkstatt. Da Vata steht ban Hausegg und schaut nachn Wedda. Ziddrig is er da Vata. Seit d Muata nimma is, is er woih recht alloa. Kimmt koa Klag üba seine Lippm. Dankbar is er für a niads Stiame, des ma eahm schenkn.
„Gehst in Wald Sepp?", fragg er. Ih bleib steh. „In Jausn bring ih da nacha scho", moant er guatmüatig.
„Heit brauchst ma koan bringa Vata, ih schneid eh grad in Spitzbirnbaam um."
„In Spitzbirnbaam?" Ih gwoahs, da Vata dakimmt. „Muass des sei Bua?" Aaa, des werd in Vatan übahaupt net passn, sunst sagad er net Bua za mi.
„Geh Vata, seit ih z denkn woass, hat er nia tragn, da Spitzbirnbaam. Des nutzlous Ungsteam macht grad an mords Schaddn in Feld."
„Tragn tuat der gwiss fuchtzg Joah nimma. Aba so schee bleah tuat er, so schee bleah! Hast des nia gsehn Bua?"
„A weng bsunda wird er scho da Vata." Denk ih ma, und geh.
Ih geh ausse zan Baam, start d Sag, setz an zan Fallkerb. „A was...soit da Vata d Freid habm mit de Bliah!" Stell d Sag a(b) und geh in Wald.
Vormittag kimmt da Vata guat aufglegg mit n Jausn. Sagn tuat koana nix van Spitzbirnbaam.

Seit daselm is vie Wassa üban Berg achegrunna. Heit bin ih da Oalt und hilf mein Buabm in Spitzbirnbaam, des vawearlt nutzlous Ugsteam mittn in Feld aufoarbatn.

MAI

Kastanien habm d Kerzn aufgsteckt
Maiglöggei läutn ganz vasteckt
Vagißmeinnicht so himmeblau
Löwnzahn so weit ih schau

Metzgableamei Buddanöckei
dunkeroute Naglstöckei
Festtagsgwand tragg insa Welt
d Vögei singan frei um d Wett

Der herzlich Gsang – des reiche Bliahn
als Dank an d Müata für eah Müahn
hat da Schöpfa de ganz Pracht
für se zan Muatatag z recht gmacht

SUNNAWENDN

De Vögln eah damischa[1] Liabsgsang werd staada
se habm mit n Bruat aufziagn z toan
in de Nestln hungarigs Gschroa
Johanniskäfal tanzn in de lindn Nacht

Oaschichte Hollabliah
übarall hat sih d Frucht angsetzt
da Summa spächt um s Egg
und d Sunn wendt sih

Summahitz und tauschwaare Nacht
wern in Gottsnam alls zeitign lassn

[1] = übermütig

SUNNAWENDFOIA

Wia s brezlt und flodat
macht d Finstan taghöi
steigt himmihouh auf
aba zammfalln tuat s schnöi

Sunnawendfoia
de höiliachte Flamm
warmt mih wia d Liab
schlagt üba mih zamm

Aba d Liab is koa Flogitza[1]
schöpf Kraft draus und Muat
sie warmt mih mei Lebtag
de eiwendig Gluat

[1] = kurz auflodernde Flamme

Summa

S Bliah liegt auf da Eard vastraat
d Luft de is voi Heniggschmach
n Gugg sei Gschroa hats scho vawaht
Schwalbmnestl untan Dach

D woarma Nacht han volla Lebm
Johanniskäfal tanzn Reign
s Diandl tuat eahm s Jawort gebm
dazua toan Grillna ganz fei geign

Guata Wind lasst d Blattl rauschn
kreislt s Wassa auf m See
s Troadfeld des tuat hoamli plauschn
Sunnwendfoia auf da Heh

Waa koa Summa ohne gwittern
ohni Blitz und Dunnaschlag
lasst in Bauan z innerst ziddan
um sei Ernt um sein Ertrag

Er nimmts an – so wia s eahm gschickt wird
s Unliab grad a so wia s Guat
wann er oft recht vie valiert
valiert er sicha nia sein Muat

ALMWEGEI

D Stoaplattn habm Rinna
wurdn vie vazöhn kinna

Va uraltn Bauangschlacht
Wildschützn in Voimondnacht
Nachtroasa – junge Leit
stundnlanga Weg net z weit

Saamaroß de guat bschlagn
Bauanknecht de schwaa tragn
Buddan Kaas de Kraxn gupft
obm drauf Schoddn guat austrupft

Vawachsn is da austret Weg
üba s Bache findst koan Steg
d Stoaplattn han vamoost
Juhschroa d Sennin koan daloost

D Alma de han net valassn
auffe kimmst hiatz auf da Strassn
summalang – geht s gscheid rund
massig Leit und hauffats Hund

s Bier schmeckt obman doppelt guat
Zuginmusi geht in s Bluat
nix geht üba a Almpatie
taugt an niadn – und eascht mih

REGNBOGN

Is net so a Regnbogn
Bruggn zwischn Himme und Eard
wia va Geistahand aufzogn
farbmprächteg unbeschwert

Es is da und net zan Fassn
s wundabare Farbmspiel
soi ins woih vagessn lassn
was ins niedadruckn will

Wann s zan Abschied nehma wird
hoff ih dass a Bogn da is
auf den mih mei Engl füaht
in des ewig Paradies

s Wedda schlagt um

D Sunn steht auf - a wassregs Gschau
koa Woik am Himmi a triabs Blau
de Berg so nah frei zan Daglanga
s Gras is welch – fallt um in Anga

In Rauch stousst s acha übas Dach
d Schwalbm fliagn tiaf eahn Fuada nach
d Imbm habm a zoarnegs Toa
a Reh äst voamittag am Roa

A Hitz is s – schiaga zan Vaschmachtn
Leit mit n Heign da miass ma trachtn
koa Vogei singt – is alls so staad
a ausstas Windl eicha waht

Wachst zan Sturm – a so a Gwalt
wia s grad d Woikn aufawallt
wia s n aba peitscht in Regn
is alls dankbar für den Segn

NOHSUMMA

D Weddahex hat sih in Kalenda vatan
in friahn Nohsumma
siadt s Nebesuppm

aus de Grabm brodlts aussa
wuzlt aba van Joch
ziagt eiche nachn Gwänd

d Sunn spielt a weng Vasteckn
mit de Nebefetzn
gib aba bald auf

d Weddahex puivat schneideg eihe
s ganz Land vahüllt s
is regnarisch

a poa Tag beidlt s in Nebe gscheid aus
aft kriagt d Sunn wieda d Obahand
schau

schau
da Wald brinnt
und drüba weiße Gupf

muass da Hiörest mit da Weddahex in Bund gwen sei
er lasst sih halt net gern üba d Schuitan schau
bal er mit de Farbhäfm ummanandawerkt

Junga Hiörest

Lachst
mit an brennroutn Gsichtl aus de Äpfe-
und voimondgelb aus de Birnbaam

blinzlst
schwarzaugat aus de Hollastaudn
und smaragdblau aus n Zwetschgnlaab

spitzbüabisch spächst
aus n miadn Grasl in d Sunn
in dein junga Übamuat

legst a ganz a feis Seidngwandl an
zeitlous
da Summa
hätts a net scheena zammbracht

hast ja nuh Hitzn
du junga Kundt
gfallst ma
han dih oafch gern

BAUBLEAMI[1]

Stehst auf an bloachn schwachn Fuass
bist woih a letzta Summagruass
mih soin ins tummeln – mechst ins ratn
soit s Wintatroad auf s Joah guat gradn

Saa und anbaun bals du bliahst
aft kann s nuh wachsn – nix dafriast
und dei lilas Seidngwand
sagg – da Hiörest kimmt ins Land

[1] = Herbstzeitlose

ALTWEIBASUMMA

Zwischn Summa und Hiörest is s
de schee Zeit
is so feialich
koa Gnöid
d Luft würzig
d Nacht kühi
tauschwaa
vastraat freigabig Gabm
deafm grad zammklaubm
iahn Nam macht de Zeit alle Eahr
ewig schaad waa s
wann s
Altmanndasumma hoassat

Spata Hiörest

D Natur hat sih voi Andacht gricht
staad woat s bis da Frost eibricht

A woarme Deck is s Laab des dia(rr)
schützt an Waldbodn gegn de Gfria

Wachsgelbe Lärchn wernand liacht
bal durch s Tal da Nebi ziacht

Feialich is alls so staad
va da Heh da Schneewind waht

Hoff - dass ih in da letztn Stund
wia d Natur staad hoamgeh kunnt

DA EASCHT SCHNEE

Is des schee bals s eascht Mal schneib
da Wind de Flangei lustig treib
er jagg s acha - kemman quer
üban Kiachnbiche her

So a Freid weil s hiatzad schneib
koa Kind meahr in da Stubm bleib
recht woarm anglegg geht s dahi
vüra raama¹ Schliddn und Schi

Gott sei Dank dass endlich schneib
da Liftbetreiber d Händling reib
Novembaschnee - der kimmt ma glegn
bis Pfingstn brauchad ih koan Regn

¹ = hervor räumen

SALZBURGER CHRISTKINDLMARKT

Easchta Adventsunntag 2002. Am Mozartplatz Eislaffm:
D Musi hübsch laut Glüahwei – und Jausnstandln.
Residenzplatz: Voa da Residenz zwoo Reihn Standln. Dazwischn Leit, Leit aus all Eardtoin. Gwiss han ah Eiheimische drunta, kriag kaam a salzburgarisch Wachtl zan Hean. Ih bi in den Leit – und Sprachnsalat middn drei. Wia gschobm, gstoussn, wuzlt mih durche. Daglang iawan an Blick auf d Standln links und rechts. Zuachekemma war koans.
Vie hebm voa eahna Plastiksacken in d Höih. Miassn Schätze drei habm.
Eddla Leit habm oan oda meahra Hund an da Leine. Endlich, endlich kunnan Herrlis und Fraulis Adventkalenda für eahne Lieblinge kaffm.
An Hunger habm s d Leit. De meahran schnabuliern: Marone, Krapfm – in Hoihn[1] a Gupf dampfats Sauerkraut, Wüaschtl mit Senf, Schaumroin, Lebkuachn, gfüde dampfade Riesnerdäpfe in Alufolie, Dosnbier, Plastik Krachalflaschei, Brezn, Fleischloabei, Tortn, Glüahmost – und Wei, Riesn – Schokladbrezn sogoa türkischn Hönig hamb s. Des, wo d Fressalien eigmacht gwen han, fallt iawan ganz undanks achi. Is saggrisch zan Aufpassn, sunst wird oans mit Glüahwei – oda Most daschleddat, oda mit Senf und siassn Baatz daschmiert.
Ih beobacht de Gsichta. Han denn all grantig? Neam hat Christkindlaugn, na, ih moa, siah koa Freid drei. Bis vüre zan Dom kriag ih schiaga all Weihnachtsliada, de ih kenn zan Hean. Und deacht grad miade Augn.
Auf de Domstaffin a italienesche Stadtführung. A mords Gschroa. Eiche in Dom. A bissl za da Ruah kemma.
Wieda herausst voan Portal. Auf m Domplatz kunnt oans auf de Köpf geh. Nix wia wegg.
Va de Dombögn her, a mords Krawei. A Fiaker hat an seine Roß z habm. Werd eah a z laut sei. Und Fiakaroß waan eh was gwöhnig[2]. A beherzta Baua glangt um d Halftan, da nix passiert.
Den Krach machn Lateinamerikana, de unta de Dombögn musiziern. D Vastärkaanlag aufdraht, was s Zoig hergib.

A Reih Standln is am Kapitlplatz ah nuh, weich s aba aus. Flücht auffe in Pedersfreidhof.
Pfüat dih Godd Christkindlmarkt!
Va dih han ih mei Lebtag gnuag!

[1] = in der Höhlung
[1] = gewohnt

LIACHT

Unlängst han ih a boarische Austragbäurin troffm.
„Was sagst", fragg s mih, „zu den ganzn Gaggnwer[1], des hiazat alls aufhängan?" In da Gach han ih net gwisst wo s aussi mecht d Mariann, aba sie foaht weida: „Angfang hamb s mit Schwoafstern. Schau da des Gaggnwer heit an. Figurn, wissn selwa net, was s han. Da oa beleicht sein Dachgiebe, sein Gang[2] und dazua nuh an Christbaam, van Novemba weg. Was hat des mit Weihnachtn z toa?" sagg s d Mariann. Ihr ernsta Blick kimmt ma voa, druckt Soarg aus. Soarg, was ma aus den Weihnachtsfest gmacht habm.
„Ja Mariann hast recht! Mit Weihnachtn hat s net vie z toa!" Der Schatz macht mih sinnierad. Koalte Liachta umgebm insane Haisa. Eiskoalte Liachta. Tragn ma des koalt Liacht aussi, so quasi, da ma de Kält in ins und in insani pickfein Wohnanga aushaltn.
Was hat s mit Weihnachtn z toa? Ih kann net anders, denk an den Advent in meina Kindheit. All Tag habm ma auf d Nacht a Gsetzl van freidnreichn Rousnkranz bet. Is was Bsunders gwen, habm ins net nieda knian miassn. Han um an Tisch umagsessn. D Heilignacht-Kiaz van Voajoahr hat brennt. S Petrolilampei ganz kloa achi draht und fünf Paar Kindaaugn und de va de Eltan habm sie an den Kiaznliacht gfreit. Kimmt ma voa, de ganzn elektrischn Weihnachtsdekorationa in insan Land, kemman net auf, gengan Schei va oana oanzigen Kiaz. Bringan net so vie Wärm und Freid auf.

[1] = unnütze Sachen (Plunder), [2] = Balkon

Nikolaus 1944

Mi han drei Kinda gwen dahoam. Zwoa und drei Joah han meine Gschwister gwen und ih als Vierjahrige de Ältest.
Bevoa da Weihnachtsputz in Haus anganga is, han d Strouhsäck mit frischn Koanstrouh neu gfü(ll)t woan. In Tenn hat d Mami an Haufm Strouh hiboußt[1] und da hat s gwerkt. Mi han all drei in Strouh umanand gschiebm[2]. D Mami hat ins nebenbei vazöht, da bald da Nikolaus kimmt. Brav soit ma sei, wei d Engei hean und sehn alls, wann ma streitn und net foling, und wer woass kam aft da Nikolaus. Zehn Mal miass ma nuh schlafn bis da Nikolaus kimmt. Zehn Mal, mit de Fingerl habm ma zöht und gfragg, so vie gfragg.
Zammgrissn hätt ma ins scho, da ma brav waan, angstellt habm ma aba deacht[3] all damlang was. D Mami hat irwan gsagg: „Ob da Nikolaus woih kimmt?" De Zeit is und is net vaganga. Da zehn Tag so lang sei kunnan? Ban Kampen hätt ih so gern gschrian, wei mei Krausköpfe so widaspenstig gwen is, han ma aba weng de Engei net traut.
 Endlich... nuh oan Mal schlafm. Ban Schlafmgeh habm ma nuh extra schee bet, ah für n Dati, der is in Kriag gwen.
Zwoa habm allwei in sein Bedd schlafm deafm und oans in Gaddabeddl. Da habm ma abgwexlt. Akkrat is desmal mei Gaddabeddlnacht gwen.
Ih han kämpft gegn an Schlaf. Ih woit ja in Nikolaus sehn. Mittn in da Nacht hat s mih grissn:
„Mami is da Nikolaus scho kemma?"
Sie hat ma a Kiaz ankennt und hat gsagg:
„Gehst halt schau!"
In Sölla han ih ma allwei gfiacht, ziddat han ih in mein dünna Pfoadl va lauta Kält. Aba schneidig bi ih achi.
Auf m Kuchitisch han drei Schüssei voi Keksei gstandn. Scheene, gelbe Keksei und wia ih zan Fensta higschaut han, hat da Voahang gwachelt. Muass da Nikolaus netta ausse sei. Auf a Kloans han in vapasst. A Gschroa han ih angheb: „Da Nikolaus! Da Nikolaus!"

D Mami is mit meine zwoa vaschlafna Gschwistal achakemma. Ganz damisch han ma ummananda ghupft und habm a Glachta vabracht. A so a Freid, so a unbandige Freid! D Mami is staad da gstandn. Mi habm ins zu iah zuhikuschlt. Sie hat ins üba d Köpfi gstroaft und hat gsagt:
„D Engei wern s in Nikolaus scho gsagg habm, wia brav dass gwen seid s."
Aft han ma wieder ins Bett ganga.

[1] = gut schütteln
[2] = Ausdruck für: Im Stroh spielen, Spass haben
[3] = doch

GRAMBBEI[1]

Triabe Tag
oft wenig Liachtn
kimmt da Grambbei
frei zan Fiachtn

Mords Heana
üban schiachn Gfries
a starrs Gschau
a grausigs Biss

Am Gürtl
üban Zottlfell
hängt a grousse
dumpfe Schell

Mit Ruatn drouhn
lärma springa
jagst an Schrackn ei
de Kinda

Hau deacht ab
du windiga Gsöll
rutsch na ache
in dei Höll

[1] = Krampus

ADVENT

D Sunn ziagt d allakürzest Bahn
hat koa Kraft warmt nimma an
in den helln eiskoaltn Schei
kimmt auf a Hoffm hoamlechs Gfrei

Zuagfroane Bachin d Wegln schmal
a Funkitzn Glanzn übarall
staad tragg in Wald a niada Ast
de glanzad de flaamwoache Last

So voi Friedn is d Natur
lass ma s Hastn - schaun dazua
da ma selba Wohnstadt wern
für d göttlich Liab auf dera Eardn

BRIAF AN S CHRISTKINDL

Lass mih leuchtn wia a Latern
da mei Nächster gspüat a d Wärm
lass mih zu eahm Bruggn bau
schenk mir a Maßl Gottvertrau

Lass mih a weng bescheidna sei
und lass mih echt va Herzn gfrei
lass mih wachsn in da Liab
da in mir selba Weihnacht wird

D Wintasunn geht auf

Huckt nuh d Finstan
in de Wipfen
wern gschameg rout
de höichstn Gipfen

Des wird a Foia
des alls ankennt
brinnade Gipfen
gliahrade Wänd

A so wia s kimmt
voi Übamuat
wirds goidan bald
de tiafe Gluat

Wird matta
und in Silbaglanz
zoagn de Berg
eah Gsicht eascht ganz

A Stiamei
siagst as alls so kloa
frei zan Daglanga
Brett und Koa

De Steigln Bankin
in da Wand
wia Faltn
in den stoanan Gwand

Hab staad
und gfrei mih an der Pracht
Herrgott –
wia schee hast d Hoamat gmacht

DEZEMBAFRAUTAG

Bloache Tag
eiskoata Wind
Schneeflangeispie
a Kiazl brinnt

Warmt da d Finga
warmt ah s Gmiat
ruck ma zamm
singan a Liad

Des zweite Kiazl
in Advent
für insa
Himmimuata brennt

Ghoamnis schwanga
is s de Zeit
auf s grouss Fest
is s nimma weit

AVE MARIA

In guatn Glaubm woih untaricht
vanimmst a Botschaft - kimmt van Herrn
du zusserst[1] net – nimmst as als Pflicht
bescheidn sagst: „Des tua ih gern."
ave Maria

Woasst selwa net recht - wia da gschiacht
soist Muata wern – bist beddloarm
sein Wort vatraust – in dir is s Liacht
in Nout und Fremd wird s Heil geboarn
ave Maria

Du Muata Gottes tuast alls tragn
Nout und Flucht – in Kampf um s Lebm
dei Willn soi gschehn – meahr tuast net sagn
du tuast dei Kind mit Liab umgebm
ave Maria

Du woasst – mi han oft schwach in Glaubm
Muata Gottes – geh steh ins bei
da ma wia du aufm Herrn vatraun
waa vie net wichtig – mi wurdn frei
ave ave Maria

[1] = zögerst

D heilig Nacht um 1900

Mei Schwiegamuata hat ma vazöht, sie is, Gott habs selig, 1896 geboan. S Krippei habm s in oanege Eachta[1] in de easchtn Adventtag in d Stubm bracht. Aba grad des laare Krippei. Auf d Nacht hat aft des Kind, was in ganzn Tag nix angstellt hat, an Strouhhalm eichelegn deafm. In da Heilign Nacht is für s Christkindl a woachs Beddl gricht gwen. Da Hausvata selm hat s in s Krippei glegg und de Kinda habm de Krippemannei aufstelln deafm. Da Herrgottswinke is mit Wintagrea und Tannagraßt aufkranzt woan. In ganzn Advent, hat s Fastngebot goitn. Des is ganz streng haltn woan. Zan Heilignacht Abendessn hat s daselm ah scho Weibeernudln und Dunk[2] gebm. A Bacht, gmoant hat d Muata, Keks, Kuachn oda Tortn, des habm s überhaupt net kennt.

Ganz wichtig han d heilig Nachtkiazn gwen. A weiße und a routi, de weiß is vor Mitternacht ankennt woan, de ruot nach Mittanacht, de hat aft de ganz Nacht brennt. Kaffm hat d Hausmuatta de Kiazn vor Liachtmess miassn und in Liachtmesstag hand s zu da Weih tragn woan.

Rauchn ganga han s, an niadn Winke va Haus und Hof habm s ausgräuchert. Is a heilige Handlung gwen. De besn Geista habm eah nimma amöngn[3]. Hättn se ebba goa scho oa eigschlichn ghab, habm s reißaus gnumma. Drum is ah a jeds Winkei mit Weihwassa besprengt woan. Genau a so, wia a niads Viech in Stall und Haus und an niada Hausbewohna. Nacha hand da Baua mit da Rauchpfann und des Kind was s Weihwassa gsprengt hat, zu da Quelln van Hausbrunn gwadn[4]. Zletzt hand s nuh zan Feld ausse auf den s Wintatroad anbaut gwen is. Da habm s Gluat und Wassa ausglaat.

Da Hausvata hat s Weihnachtsevangelium glesn. Rousnkranz bet habm s, glei an ganza Psalter. A Stund is eah dazua leicht aufganga. Nachad han s zammgsessn, habm gspielt und Weihnachtsliada gsunga.

Da heilig Nachtloab is angschniddn woan. Auf den is a niade Hausmuatta bsunders stoiz gwen, wann er guat gradn is. Grouß, schee rund, gwichtig

und ja net aufgsprunga hätt er sei soin. Er is des oanzig gwen, was van Essn her, den Abnd va andane Abende aussaghebt hat.

Zan Mettngeh habm sih d Nachbarn gegnseiteg abghoit. Bevor s aufbrochn han, habm s auf m Stubmbodn Strouh aufbroat. Oans hat gamt⁵, des hat auf de Kiaz a Aug ghab. Bal d Hausleit von da Mettn kemma han, is a Schüssl voi Fleischsuppm auf m Tisch gstandn.

Nachn Suppmessn habm se all in Strouh auf m Stubmbodn niedaglegg. D Eltern, Kinda, Deanstbodn, Ahrei⁶ und Ährei⁷. De Kinda habm mit n Schlafm in Strouh a mords Gaude ghab. Der Brauch hat d Muata vazöht, is deswegn gwen, weil ja s Christkindl ah in Strouh glegn is.

In da heilign Nacht um 1900 hat sih alls um s Weihnachts – Evangelium draht. D Leit han voi Freid gwen, üba de Geburt Christi

Habm koane Geschenke braucht und ah koan Christbaam.

---

¹ = auf einigen Höfen
² = kalte Milch, obenauf schwimmt Schlagobers
³ = nichts mehr anhaben können
⁴ = durch Schnee waten
⁵ = Haus hüten
⁶ = Großmutter
⁷ = Großvater

DA 24. DEZEMBER

In da Friah is alls so staad
Weg und Steigln tiaf vawaht
brauchst de finstan Mächt net füachtn
hast an festn Glaubm an d Liachtn
tuast ah de kloana Wunda sehn

Da Wald is zoddat d Wassa eisn
van Turm her klingan oalti Weisn
va übarall a Gloggngleit
is wieda da de heilig Zeit
gspiast - es werd a Wunda gschehn

A Singa Klinga in da Luft
in ganzn Haus a Weihrauchduft
es ziagt dih in de woarmi Stu(b)m
schaust dih nach da Krippm um
gfreist dih auf de heitig Nacht

Wann aft Christbaamkiazn brinnan
gspiast as woarm in Herzn drinnan
betst und bist so dankbar gstimmt
kimmst da voa wia a kloans Kind
des des Wunda selig macht

WEIHNACHT

Z Weihnachtn berüahn sih Himme und Eardn
Gottessohn kimmt
macht d Nacht hell
Er rüaht ins an
Er nimmt insane Händ
und ziagt ins zu eahm

Wachsam sei
insane Händ soitn seine Händ wern
soitn helfm wo Nout is
denen Hoffnung bringa
de am Dasei d Freid valoan habm
aufrichtn was gstrauchelt is

Wachsam sei
net übahean
wann Er durch ins redn mecht
da neam alloa is
da neam alloa is mit sein Kreiz
da ma tragn helfm

Gspüan
durch des Ghoamnis dera houhheilign Nacht
berüahn sih Himme und Eardn

DENO

Er hat s net leicht, da Deno, er is in Lampewiart in Bethlehem sei Esl. Da Stall is gleim hintan Wiartshaus. Mit an Fasl Schaf toait er n. Da Hausknecht vasoagt in Esl. Und der schmeisst eahm liaba an Schübe spers Hei hi, stad dass an auf d Woad füahrad.

Bal da Wiart ausgeht zan Eikaffm, is da Deno gach bei da Hand. Er muass n net suachn und fänga geh. Auf da kleanan Seit is da Esl va Haus aus und wei net recht auf eahm gschaut wird, muass er sih narresch plagn, ban Zeig hoamtragn. Da Weg auffe auf Bethlehem is stoaneg und stikke. Des nieda Gstaudach gib kam an Schaddn her. Voie Weinschläuch druckn ganz elendig. In Deno seine weitaus stärkan Gfiachtn[1] va de andan Wiart, miassn se koa langs a so plagn. Oft überhoin s n, auffe auf Bethlehem. Da schaun s n nacha a so va obm acha an, geht eahm durch und durch. Des tuat eahm so weh, gehnan eahm schiaga d Fiaß übaranand. Dahoam wieda eiche in sei Stallei.

Öftas stousst da Hausknecht ba da Nacht s Stalltiarl auf und rennt oan, der z tiaf in Becher gschaut hat, eiche zan Esl. „Da, schlaf da dein Rausch aus!" heat er in Knecht meutan.

Mei, mit sela Löda hat er scho oanegs daleb. Eahn Grand lassn s in Deno ausgeh, wia wann der an eahn jämmalichn Zuastand schuid waa. Er woaß sih gegn de Plaggeista z weahn. Sei hintas Gstell kann er gschickt eisetzn und sei Biss is schoaf.

A Mal wundat er sih, da Deno: In an Nachmittag wird s Stalltiarl staad auftan. Zwoa junge Leit kemman eicha. Sie tuat sih schwaa mit n Geh, da Mann füaht s an da Hand. In da andan Hand tragg er a zamm gschnürts Binggei und a Latern.

„Da wern ma s guat habm Josef", sagg sie za eahm. Sie krault in Deno s Fell. Sie schatzt van Guat-mitanand-auskemma in dera Nacht. An eahna Sprach kennt as glei, de Zwoa kemman va Weita her.

A bissl ärgat s n scho, wei er net alloa is. Er is so miad und de Knochn toan eahm weh. De letztan Tag hat er so narrisch vie auffa schleppm miassn. Aba in Weg gehn s eahm eh net. In Egg hint huckn s in Strouh und han recht zfriedn, kimmt eahm voa. A Wei heat er s nuh wispeln, aft schlaft er stehada ei. –

Galling reisst s n. Eahm is s, als hätt er a Kind schrei gheat. Er beitlt in Kopf a(b), seine Ouhrwaschln schlagn gegnanand, frei schmatzn tuat s.

Ja, schau da des an!

D Frau sitzt in Strouh und hat a Kindl in Arm. Sie und da Mann schaun s ganz selig an. In Deno wird woarm um s Herz. De Liachtn in Stall, ob de grad van Mann seina Latern is? Er is helliacht munta und de Knochn toan eahm ah nimmer weh.

D Stalltiar wird langsam auftan und Hirtn kemman staad eicha. Da Martl hat wia allwei de Pfeif in Maui. Da stousst eahm da Jörg in d Rippm und deit auf de Pfeif. Gach töit da Martl mit n Dam de Gluat.

Da stehn s und schaun s d Löda[2], drahn valegn d Hüat in de Händ. Da Deno lasst a ganz a feis IIIIAAAAA aussa, net z laut, da ja s Kindl net dakimmt. Des macht s schatzad[3] d Hirtn.

Se vazöhn va Engln, va ganz vie Engln, de so schee gsunga habm. Ja, und gsagg hambs de himmlischn Geista:

„Des Kind is da Messias und bringt in Friedn."

A helliachta Stern steht üban Stall, se wundan sih, da den d Leit va Bethlehem net lang scho gwoaht habm. Kloane Packei habm s in de Mantlsäck, se legn s vao d Muata in s Strouh. „Für n Anfang werst scho über d Rundn kemma", sagn s guatmüatig und pfiatn[4] sih.

Schee staad hat sa sih umma gschatzt unta de Esln va Bethlehem: „Da Deno hat als oanziga s Christkindl sehn deafm."

Koana schaut n nimma va obm acha an, bal s n auf m Weg auffe auf Bethlehem überhoin. Ja, direkt eahfüachtig griasst wird er.

[1] = Gefährten
[2] = Männer
[3] = es macht sie redend
[4] = sich verabschieden

AM HIRTENFELD

An an Mittwoch voan Faschingsunntag bringt ins da Reisebus durch de Bethlehemstadt durchi, ausse auf s Hirtnfeld. Östlich va da Stadt is s und hat nuh sein ursprünglichn Charakta dahaltn. Stoaneg und stikke is s, s Hirtnfeld, schiaga[1] wia da Trattberg. Stehn oagschichte Baam drauf und a neddla Doanstaudn. Rosmarien fallt ma auf, wachsn übarall wild. In Groussn und Ganzn, is s a guade Schafwoad. Friedlich grast a Rudl Schaf. Annabell, insa israelische Reisebegleitung geht mit ins zu an Breddavaschlag. Es is a Stall, wia d Stallunga zur Zeit Christi Geburt gwen han. In abfalladn Gelände, in woachn Kalkstao, is s a eiche grabne Höhln. Vordaseitig is s mit rauhe Breddln vaschlagn. Am rechtn End va den Vaschlacht macht d Annabell a glemparats[2] Tüal auf. Frei vie Platz is da herinn. Koa nuh so grouß gwachsna stousst an da Deckn obm an. Ebba a guade Stubmbreatn tiaf is da Stall in Felsn eiche goarbat woan. Liachtn kimmt grad ba de Glossn[3] in Vaschlacht eicha. Hübsch dusta is s. Da Loahmbodn is hiacht und trukkn. Aba wann da s Viech herinn gwen is, werd des andascht ausgschaut habm.
Gegnüba van Eigang, is s Egg mit Stangln a(b)zäunt. Des Egg is tiafa in Berg eiche goarbat, is in da selbign Zei da Wohnplatz für d Leit gwen. A lötz Ölfunsei steht auf an Stoavoasprung. Flogitzt uruhig. Dauat a Zeitl, bis sih d Augn in Dunke z recht findn. A Bissl a Hausrat hängt an da Wand. Eachtas[4] Gschia. Niedane Bänk han ban Felsn hibei. Des is alls. Kocht hamb d Leit in Frein.
D Annabel is mit iahna Erklärung z End. Insa geistlicher Begleiter bitt um an Augnblick stille Besinnung.
D Augn mach ih zua. Staad is s. Ih siag d heilig Familie voa meina. Maria und Josef habm a atragns Gwandl an. D Maria sitzt auf da Bank. Hat s Gotteskind in Arm. Mit n Umhang hü(ll)t sie s ei. Da Josef leicht de Zwoa mit n lötzn Ölfunsei an.
Gspüa auf a Mal an Friedn, a Zfriednsei, a Dankbarkeit, Weihnachtn.
Is am Mittwoch voan Faschingsunntag gwen.

[1] = beinahe, fast, [2] = reparaturbedürftige Tür, [3] = Fugen, [4] = Tongeschirr

Weihnachtsfreid

In Weihnachtstag is da klao Hansei ganz aus n Haisl. S Christkindl hat eahm an Brehache[1] bracht.
Er is in alla Friah aufgstandn. Seine Eltan han in Stall. De Gschwister druckn nuh in Strouhsack.
In groussn Bruada seine Schuah legg er an. In de kimmt er ohne Hilf eiche. D Reahm vamanglt[2] er a so, da er d Schuah net valiart. A Zeit murgst[3] er ummandum bis er d Haustüa aufdasperrt. Koalt is s, eahm beitld s. Schloapft[4] nuh a Mal eichi in de Kuche um Haubm und Scheikö[5]. Er hat sei Brehachei fest in de Händ und wi(ll) dachi zan Nockn und ache sausn. Frei was geschniebm hat s. Da Vater füaht netta d Roß zan Wassatrog. „Hansei was tuast denn?"
„Bre… Brehacheifoahn", er reat scho schiaga, woaß, alloa deafat er net ausse geh.
„Geh Hansei, heit geht s net s Brehachei, is vie z moitig!"[6] „Ih mecht aba, da Moitig is ma wuascht!" Da Vata heb sein Hansei auf und nimmt mit, eiche in Stall.

---

[1] = Primitiver, meist von Bauern selbst gefertigter Schlitten für kleine Kinder,
[2] = verknoten
[3] = bemühen
[4] = Jacke
[5] = mit den Schuhen am Boden schleifendes Gehen
[6] = Neuschnee auf dem Weg

ZAMMKEMMA

Zwoa treffm sih unta da Tüa.
„Ih wünsch da was!", Sagt des, des aussakimmt, zu den, des sih zan Eihigeh zamm richt.
„Dank dia! Wia is gwen?"
„Hätt scheena sei kunna!"
„Hm."
„Is vie z vie Bluat grunna! Koa Friedn, net amal daweils Weihnachtn gfeiat habm."
„Mach ma net schiach!"
„Is a so! Daweils eah a guats Neis wünschn, schiagln s scho um an Prügl, den s den andern unter d Fiaß schmeissn kunntn."
S Pöllaschiaßn tuat in de Ouhrn weh, und s Foiawerk geht auf m Höhepunkt zua.
„Auf dih gfrein s a sih ah a so, wia se sih auf mih gfreit habm! Hiatz bist du dran", sagt s oalt Joah zan nein und klopft eahm freindschaftlich auf d Schuitan.
„Hätt s d mih schiaga zag gmacht."
„Des woit ih net! Tua dih fei ja net z vie ache! Hat s nuh a niads dapackt! Und Schees gibt s ah, vie, vie Schees! Nach n viertn Akt stehst ah da, wo ih heit steh, am Anfang von da Ewigkeit!"
Sagt s, und lasst s jung Joahr alloa.

DA WINTATONI
(17. JÄNNER)

Da Wintatoni bringt a Lacki
all Joah wieda s gleich Spetaki
er kann de Kältn übalistn
ruiniert de allaschönist Pistn

Schickt an Sturm is frei zan Fiachtn
tuat in Wald oft grausig liachtn
is ebban was net naglfest
fallts ins auf m Kopf nuh zlest

Graupin peitscht er ins is Gsicht
wia s grad foiat brennt und sticht
lasst s regna und vaeist ins d Welt
Tümpfin wern am gfreadn Feld

Da Winta is fei nuh net oalt
dawoatn s leicht wird nuh mal koalt
is ah d Schneedeck durche gwoacht
gfreit s enk Leit bald tragg da Hoacht[1]

[1] = Harsch (tragfähige Schneedecke)

Mih machts sinnierad

ÜBASÄTTIGT

Heit wird ins jeda Wunsch erfüllt
Tag oda Nacht da Hunga gstillt
kriagst jedazeit des Allabest
als waa s Lebm a oanzegs Fest

Da Woihstand is s – der ins ruiniert
wei s Best scho selbstvaständlich wird
gib kaam an Wert nach den ma strebt
d Hauptsach aus Voin und alls dalebt

TRATSCH

Wer will
findt in jeda Suppm
a Haarl
und flicht draus an
Roßschwoaf

OLYMPIADE

Auffe gjubite Talente
de sih narrisch antreibm lassn
sogenannte Prominente
de auf foaste Wiesn grasn

Tummiplatz füa d Millionäre
d Hauptsach is s da Rubi roit
wo is d alte Sportlaehre
am End hat s eh da Teifi ghoit

AGRAR – POLITIK(A)

LKW Ladunga Lebensmittl vanichts!
Miassn vanicht werdn!
Miassn s vanicht werdn?

Hunger
Hunger

Was sagg s,
bad s z hean kriagg s?
„Hungrig bi ih gwen,
es hab s ma nix zan Essn gebm!
An Durst han ih ghab,
es hab s ma nix zan Trinkn gebm!"

UNRECHT GUAT

Ruachn
alls zammruachn
alls
aba de Baam wachsn net in Himme
z rinnt oft schnella
so a Haufm
als wia er
zammgruacht woan is

gedeiht net

Arbeitswelt

in da heitign Zeit

D Rechte auswendig wissn
an niadn Nebmsatz
waa er nuh so kloa druckt

Aba – da waan ah nuh Pflichtn
und de soitn ebba goa ernst
gnumma wern
des – des – is vie valangt

Diabbisch

An gußeisan Kruag
tragg a Oarm aus Stahl

Hoamtückischer Schridd
schleicht so lang an de Qelln
bis s austrickat is

hintbei Wüstn

Alloa

hemmungslous
sex konsumiern

dennascht

koa du
koa wärm
koa mitanand
koa dahoam

hunger

alloa

D Wächta

Deafat a Paarl sei. Da Grouß hat kantige Schuitan, den Kloan seine han schmäla. Mit n Huat is s a aba höiha wia da Grouß. Hat broate Hüftn wia a erwachsns Weibaleit.
Wia nuh alls voi Eis und Schnee gwen is, habm s scho weit in s Land ausse gschaut. Wia s Eis schee staad wegganga is, han d Winta nuh ends lang gwen. Da Summa hat sih allwei meah durchgsetzt. D Hügln han grea woan und za eahne Fiaß hat sih a riesigs Wassa ausbroat. Des hat sih mit da Zeit in a Rinn eigrabm und Wald hat s eigsaamt. Weit drausst habm nuh grousse Lackn glanzt.
Nach und nach habm se vie Viecha um d Wächta umma tummelt. Se habm hellauf a Freid ghab mit eah. Hirsch, Stoaböck und Gams habm s kitzlt. Grousse und kloane Vögln, Kriachads und Fliagads is umma gwen. Woifsrudln habm ledschade und blessierte Viecha dalöist. Alls zamm a Harmonie.
„S Paradies!" hat sie gsagg.
„Ja wann s na a so bleibat!" hat er aus volla Söi za da Antwort gebm.
Üba d Hügln her han galling Wesn kemma. Na, so ganz andascht, als wia alls, was bis hiatz z sehn kriagg habm. Han aufrecht ganga, eahne Junga habm s tragn und um eahne glattn Körpa habm s Viechahäut ghäng. Argwöhnisch habm de Zwoa d Eindringling beobacht.
Zkeit[1] han s gwen, wei s de Bärn aus eahne Höhln vatriebm, und mit Stoa Viecha daschlagn habm. In Winta, habm de Zwoa ghofft, werdn s scho wieda higeh, wo s her han. Weit gfeiht!
Aus de Höhln is a Rauch aussa kemma, de Wächta hat d Nasn bissn. Han allwei meahr kemma. In Wald habm s Baam umgschlagn. Auf de hasnan[2] Fleck habm s aus Hoiz, Lettn und Moos Haisa eichebaut. Wia meah dass woan han, wia weniga habm s es vastandn.
Gegn Neiankemmade habm sa se zammgrott, rechthabarisch eahne Haag vateidigt, und gegnseitig habm s eah de Köpf eigschlagn.
D Hügln hinta de Wächta eahn Buggl habm s angrabm, habm allwei weita

eichegwurlt. Aft habm s a so a Zeig aussa, so a weiß s, s Salz. In eah Essn habm se s dreitan und s Fleisch damit eingriebm. Se habm weit meah aussa als was braucht habm, mit den Übringa habm s täuschlt.

In da Niedan is a da Wald vaschwundn. Stoanane Haisa habm s eichebaut. Dort und da a ganz Nestl. Gleim unta de Wächta a grouß Nest und weita drausst a.

In Summa hat eah s Land gfalln, is alls gstroaft gwen, brau, grea, gelb, dunkigelb. Nacha habm s des Zeig alls hoamgfoahn in d Haisa. Roß und Kiah habm helfm miassn.

Seit s Land in Summa nimma gstroaft is, weil s alls mit Haisa vabaut is, gfallts eah nimma. A uguata Rauch kimmt aus de Bautn, so ganz andascht wia der aus de Höhln. Va Fischreiha habm s erfoahn: Aus de Haisa rinnt a Briah is Wassa, a so a grausige Briah, da d Fisch krank wern und elendeg z grund gehn.

A Adla hat de Zwoa wissen lassn, er und vie Viecha hausn houh obm in de Berg. Da habm s meah Ruah va de Langa.

De Aufrechtgehadn dunnan in de Baich va riesigi giftschpeibadi Vögln in d Luft und rutschn auf Untasatzln ummanand dia Vaderbm ausse blasn. Ja, des alls mitanand macht de Barmstoana s Schnaufm schwaa.

Voi Wehmuat denkn s ans valoan Paradies.

---

[1] = beleidigt
[2] = gerodete Fläche

KRIAGSKINDA

Roihe Gwalt
nackats Elend
alloa
eiskalt
Kindaaugn
koa Glonz
miad
koa Hoffnungschimma
Kriagskinda

ELEKTRISCHE GROSSMUATA

Auf Knopfdruck kimmt s
de kleanestn Stopsein
kunnan s Knöpfi druckn

Sie is alwei[1] da
nia esig[2]
vabiat[3] nix

gaugget a Scheiwelt voa
vazapft gnuag Bleedsinn
Gwalt und an Haufm brutals Zoig[4]

oarme
oarme
Kinda

[1] = immer
[2] = grantig
[3] = verbietet nichts
[4] = brutale Sachen

ZÜNDLN

A Foiall ankenntn
a kloans Foial
und kloaweis nachelegn
und trachtn
dass sih
s Foial ausbroat
mit Lug und Trug
va all Seitn eicheblasn
wird da scheenest Flächnbrand
wann der a mal grecht flodat
habm s bald gnuag Schreia
auf eahna Seit
de Vageltung fordan
Vageltung mit Bombm
Vageltung mit de neuesten Waffm
und de oagna Buam
als Kanonenfuadda
alls wird zammghaut
alls
und unta de Trümma
vabluatn Unschuidege

DA WELTVABESSARA

Alls sehn miassn
in letztn Eachdnwinke eicheschnofin
aba weddan üban Straßn und Flugvakeah

Alls zammkaffm
was eh zan Lebm nia braucht wird
aba protestian gegn Mülllagaplatz und Vabrennungsanlag

A Kriagsgegna durch und durch
alls bessa vasteh wia de Regieradn
aba koa bissl Friedn in de eigna vier Wänd

FISCH

Gestan han s nuh lustig gschwumma
aufdraht treibt s s Wassa
oana hat sih in an Hoiz vafängt

Gestan
is ins grad voakemma
es gangad eah guat

Se habm gliddn
unsagboars Load
lange Todeskämpf

Wann s ins
eahne Peiniga vafluachn
bevoa sie s aufdrahd

Aft helf ins Godd

All Tag

All Tag
erfindn s was
mit den s s Gmias und s Troad manipuliern
sogoa Nutz – und Schlachtviecha
was soin ma scho dagegn sagn
lebm toan ma ja all recht kostngünstig

All Tag
zündln s irgendwo
bis brennt
aft kunnan s d Waffmarsenale laan
brauchn eh Platz für neiche Technologien
eigentlich deaf ma ah nix dagegn sagn
da Wiederaufbau is a mords Gschäft

All Tag
erfindn s neiche Sportartn
aus de bestn Gründ werdn Sportplätz
is net amal a Bannwald heilig
und ah sunst deaf in Sport nix in Weg steh
soin ma was dagegn sagn
d Hauptsach mi bleibm fit

All Tag
bringan Groußraumfliaga d Oarbeit da hi
wo d Leit mit an Patzl Reis
als Tageslohn zfriedn han
na da is nix dagegn zan Sagn
auf de eahne Kostn
kunnan mih
insern houhn Lebmsstandart haltn

All Tag
wern neiche Urlaubsparadies entdeckt
weltweit bewirtschaftn s de gleichn Konzern
de Eiheimischn gspian nix davo
aussa
eah wird da Lebmsraum weggnumma
ah geh kunnst ah nix dagegen sagn
mi kunnan ins s halt leistn
weltweit alls anschau

All Tag
gib's irgendwo Megamassnvaanstaltunga
aus all Erdtoin kemman d Leit zamm
da is übahaupt nix dagegn zan Sagn
mi miassn ja untahaltn wern
da ma ja net zan Nachdenkn kemman

MAHAGONI

wachst in Regnwald
Joahmillionen is der oalt
beherbergt Viecha - rar und bsunda
Regnwald du bist a Wunda
rasant wirst umbracht - rücksichtslous
d Hauptsach da Profit is grouß

Von a poa gstopfti Nimmasatt

Mit n Wald da bringan s allsi um
de Kreaturn - wer schert sih drum
kunntn s eah Quoi laut ausse plärrn
am ganzn Erdball waa s zan Hearn
se aba gehnan z grund ganz staad
Wind und Wedda d Eacht vawaht

Mahagoni

SCHUID

Valuadat insa schees Lechn
de letzt Kuah ausse triebm
Gstaudach broat sih aus
ih fürcht ma alloa
ganz alloa
in den grouißn koaltn Gspenstahaus
da Schlaf geht ma aus n Weg
schickt Kindarean

Alls kunnt andascht sei
ganz andascht
d Schand hat weg miassn
va insana eahbarn Familie
va insan stoizn Hof
nia kunnt ih s Gschau va eahm vagessn
wia ih eahm s gsagg han
is er ganga

De Tat huckt wia a Fluach auf mi
vafluacht zan Alloasei
gfanga in oagna Schaddn
da Strick is gricht
füachtn tua ih ma
so vie füachtn
mei Kind wi(ll) mih net sehn
mei Kind
den ma s Lebm vaweaht habm

IN HIÖREST ALLOA

A Kindawagn
und s Gwissn rüaht sih
waast a Diandl oda a Bua
hättst seine schwoazn Augn
oda meine blaun

Han kämpft um dih
eahm woit ih net valiern
habs zualassn
ih han s zualassn
dass d umbracht woan bist

Nacha
nacha is er befreit ganga

Bi oalt und alloa
grad mit di red ih
mit di alloa
wann ma drum is

BRAUCHT ALLS SEI ZEIT

Kann d Liab a Bandl webm
um a Familie
a ganz a stoarks Bandl
oans
des a Lebm lang
Schutz und Halt gibt

Bleibt iah ja grad Zeit dazua
in z kurze Nacht
und hektischn Wochnendn

Nachbarschaft

Wegln han va oan zan andan austret gwen. Ba de Zäu habm s gfüahrige Stiegln gmacht. Is was haltn woan, auf a guade Nachbaschaft. Gegnseitig habm s ausgliehn, wann grad was ausganga is. Mit de Leit habm s ausghoifm, is ba oan Nout am Mann gwen. Seit ma Strassn habm, is d Nachbarschaft loggana woan. Durch de Technik is koana auf fremde Hilf angwiesn.
Ausleihn?
Geh ausleihn!
Schauat aus, waast goa a Fretta[1].

[1] = ein schlecht wirtschaftender Mensch

Munter bleibm

Wispelt
staad a neicha Wind
loost alls
was eah der woih kündt

Übarall
suammt er scho der Wind
schlaft s net Leit
de Zeit varinnt

Werd s munta Leit
schoaf blast der Wind
stemmt s enk gegn eahm
bevoa s wo brinnt

Liacht und Schaddn

Jede va ins, de mit Stricknadln umgeh kann, kennt ah de verschiedena Musta, de mi bei Trachtnstutzn und Jackei so gern strickn:
Brennende Liab
vergessne Liab
Almwegei
Fenstal
Koarnähan[1]
Zentimetabandl
Tulipan.
Han net all zan Aufdazöhn, d Nam, de sih d Strickarinnen für eahne Kunstwerke ausdenkt habm.
Wern hi und her zogn de glattn und verkeahrtn Maschn. A ewigs Hi und Her.
Ja, und bewundat wern am End grad de Glattn, weil ja de s Musta abgebm.
Is des net ungerecht?
De Verkeahtn habm sih genau a so ummananda ziachn lassn wia de Glattn. Hi und her und her und hi. Aba wer beacht s?
Se füahn a Schaddnlebm, von Anfang an han s Hintagrund. Hintagrund, da de Glattn richtig schee aussa kemman, eah Bedeutung, eah Wichtigkeit, voi za da Geltung kimmt.
Neidlous han s z friedn, de Verkeahrtn mit eahna Aufgab als Hintagrund.
Ja, se hand sogoa a bissei stoiz drauf, wei grad se an ganz wichtign Beitrag leistn.

[1] = Kornähre

Waldis und Schnurlis

D Werbung für Hund und Katznfuata bringt mih oft zan Struwin[1]. Net ebban, da wer moanat ih waa koa Viechafreind. Weit gfeiht! Mi liegt a niade Kreatur am Herzn.

In insana Woihstandgsellschaft geht s Hund und Katzn bsundas guat. A riesigs Regal in Supamarkt is für se bstimmt. Jedn Tag in da Woch gibt s a andas Menü. Und eascht de ganzn Hygieneartikin, de muass ma heit all unbedingt habm. Und Gott sei Dank kunn ma ins s ah leistn.

Aba gehts de Viechei wirklich so guat? In ganzn Tag eigsperrt, muataselig alloa in da Wohnung. Gassi geh in da Hoalbfinstan. Deaf s Hauferl liegn bleibm, siachts eh neam. Oda eihe is Auto, a Drimme[2] gfoahn, ausse in d Natur. Auf da Wiesn mag s Hundl springa. De Bauan han oft am Vazweifin, allwei meahra Hundsdreck is in de Küahbarrn.

Wias ebban waa, wann ma grad so vie Schnurlis und Waldis hättn was ma unbedingt habm miassn? Gab s koa Hund - und Katznfuadda Industrie und koa Werbung. Waan de Kindaspieplatz net daschissn und de Küah deafatn a saubas Gras fressn.

Is des net a verkeahte Welt. Zwischnmenschliche Beziehunga, a freindlichs Lachn, a Gruass, aofach a Mitanand, waan woih tausndmal meahr wert, als wia des ganz übatriebm Gschiß mit Hund und Katzn.

Auf da andan Seit va da Welt, was eigentlich d Sunnseitn waa, de aba mih zu da Schaddseitn gmacht habm, waan d Leit frouh, wann s des zan Essn kriagatn, was bei ins Schnurli und Waldi kriagn.

---

[1] = es beschäftigt mich, ich mache mir ernstlich Gedanken
[2] = ein Stückchen

DROGN

A Weil vagessn
des elendig Menschsei

Frei wern
fliagn auf Gspenstarappm

Jeds Mal aba falln
bleischwaa wia a Stoa

In a schwoaz Loch
eiskalte Nout

Tiaf wia s Meer
himmehouh

Koa Louskemma
koa Liachtfunkn

Goidena Schuß

Drogn

DRAHT SIH

Zeascht
Spoass und Lustgsellschaft
nacha
nasse Frustgsellschaft

Nix tan

A untadruckta Schroa
nach jedn Klescha

Herrschaftseitn
is der scho wieda bsoffm

Soit ih umme
und eahm s Gste(ll) putzn

Geht mih ja nix an
waa eh koa Dreimischn

Sie is ganga

Zweng mein Bequemsei
und meina Feigheit

Bi ih mitschuideg woan
an iahn Freitoud

MILLENIUM

Muata Eadn

A schees Fleckei
mittn in Europa
hoaßt a neddla Herzschlag lang
Österreich

Hat kloa angfangt s Landl
is mächtig woan
so mächtig
a stoiza Herrscha hat behaupt
in sein Reich geht d Sunn nia unta

des Riesnreich
is zammgstuzt woan

Muata Eadn

Hast in den Landl
Leit wachsn gsehn
grouße Künstla
Leit
de vie Guats tan habm

Aba
aba ah Leit
de üba d Menscheit
des gröisst Unglück bracht habm
des du dalebt hast

Muata Eadn

TRAAM

Leichtfüassig springt s üba moosige Stoa
übamüatig spielt s mit n Sunnschei versteckn
s Köpfei anrenna
ungsteam wirbeln

In an ruhigan Stiamei traamt s
va an langa Weg den s zan Geh hat
an Weg voi Sunn und Lebm
van Breatawerdn traamt s
van Lastn tragn
va an groussn Haushalt
va vie hungrege Mäula
de all gnuag kriagn

Sie mecht nix andas wia a guate Hausmuata sei
übersiagt s wia s zuanimmt
sie is a Ruhige Staade
vaschreckt gwoaht s
sie siacht nimma kloa
d Sunn scheint nimma so hell
de Tag han triab
da Schleia vor iahne Augn allwei undurchsichtiga
s Blindwern nimma zan Aufhaltn

Geduidig Lastn tragn
koa Freid an iahne Kostgänga
daboarma toan s iah
kann eah nix Gscheits auftischn
iah Kost verdirbt eah in Magn
macht eah s Lebm za da Höll

staad reat s iahn abgrundtiafm Kumma
in mondbloache Nacht
irwann denkt s nuh aufm Traam
van scheen Weg
van scheen Weg
zwischn Schwarzwald und Schwarzn Meer
de Donau

OARME KINDA

Werd s erwoart
mit da modernstn Babyaustattung

Des ganz Aufwachsn
is des Neiest
des Best netta guat gnuag

Geht nix a!
Geht nix a?

Nestwärm
Nestwärm gspian s oft wenig
oarme Kinda
bleibts eiwendeg hoih

Nix toan

Is a Kreiz mit insana Urli
hiatz kunnt s auf oa Mal nimma kochn
bildt s iah ei
weil s Neinzg werd

Ih han net Zeit
da waa ih anghängt wia a Kettnhund
hiatz wo ih in Pension bi
mecht ih endlich was habm van Lebm
Gott sei Dank
gibt s Essn auf Räder
des is a woahra Segn

„Mama des werd dia schmeckn
des kochn Diätköch"

S Urenkei loost zua
„Oma" sagg s „hoffentlich
gibt s dann ah nuh ‚Essn auf Räder'
wenn du Neinzg bist"

KUMPEL

All Tag ziagt s mih her
bist a ganz a bsundana Kumpe
vaschwiegn wia da best Freind
iawan vasetz ih da an Faustschlag
nimmst man net a Mal Übel
oafach a Kumpe
ziagst ma in letzn Kreiza aus n Sack
und dennascht kimm ih all Tag wieda
kloani Sunnblitzer
lasst ma scho dalebm
se zoagn ma
du magst mih
lasst mih alls vagessn
den ganzn Schuidnberg
der sih aufghäuft hat
weilst du vafressna Batzi
alls vaschlingst
dei Rassln is wia a Musi
und dei Liachtfunketswer
weitaus scheena
wia a hoatana Voimondhimme
ih woass
amal speibst
ih dawoart s
is heit net
aft moargn
ih dawoart s leicht
du oanarmiga Bandit

IH MUASS S NET HABM

Radio und TV- Nachrichtn
toan so vie Negativs berichtn
schlag aft nuh a Zeitung auf
spätestens da kimm ih drauf

Des Bees alloa regiert de Welt
zähln tuat netta Macht und Geld
Vabrechn fü(ll)nand ganze Seitn
kriagn de bestn TV-Zeitn

Alls wiad ganz genau ausbroat
auf so a Fressn wiad grad gwoat
da Mensch der braucht an Nervmkitzl
oftmals treibman s was auf s Spitzl

Was net wert is – dass ma redt
zoagt ma d Ohnmacht und de Kält
was geht s mih an – braucht mih net schern
han vor meina Tüa gnuag z keahn

ALMARISCH

Schees Wedda und massig Leit, bei da Trattbergmess, am 15. August. Oalt und jung is herobm. Da Parkplatz mag de foahrbarn Untasatzln beiweitn net aufnehma. Nach da Strass glangt de Blechschlang a Drumm ausse gegn d Schröck.
Ganz kloane Kinda han ah mitgnumma woan. De kunnan se net staadhabm. Zwoa so kloane Stopsein tanzn gar, bal d Musi a Messliad blast. Vie Platz habm s eh net, stehn ja de Dawachsna hübsch gleim beinand. A betagte Frau fühlt sih in ihra Andacht gstört und keift:
„Des habm s davon, weils überall Strassn hibaun. Hat oans ba da Mess a nimma koa Ruah, weil so vie Gfratzwer¹ da is!"
D jung Muata sagt ganz freindlich zu da altn Keiffm: „Ja mei, waa koa Strass, waan koane oaltn Leit a net herobm."

¹ = Schimpfwort für Kinder

AUFFE
auffe
buggln
kriachn
ganz auffi
ellbogngwalt
obm
in da liachtn
eisiga wind
oa fehltritt
achirutschn
is lötz unt
ganz unt
in schaddn

ELEFANTNHOUZATN

Geht all guat
d Savanne is safteg
habm all z Essn
d Loatkuah Sina liabäuglt mit n Nachbarn Hero
ban Brauttanz
klatscht s Fuaßvoik

Hats net gmoant
dass s ausgsiebet[1] werd

Dawei in de Zwoa
andane Loatkiah s Kammafensta auf toan
ba de Houzatn
klatscht s nimma
s Fuaßvoik
ausse drängt werd s
auf n Rand
Schmarotza

---

[1] = ausgesiebt (Entlassungen)

Friahra und heit

Ja friahra in meina Kindheit da is da Himmi blau gwen
so tiafblau und unberüaht is a gwen
und heit is er triab
so triabblau und gstroaft

Da Sunnschei hat ins guat tan
hat ah d Luft gflimmat va lauta Hitz
hat ins taugt hat an Wehdam in de Glieda glindat
heit is da Sunnschei andas ganz andas
brennt auf da Haut soit sogoa krank machn

Auf da übagossna Alm
habm s in Schnee zgängt zan Tee kochn
heit schwimmt a Ölschicht aufm Teewassa
wia lang werds dauan bis der Cherosinschnee
als frischs Quellwassa aus insane Berg sprudlt

In de niedan Tauern han guate Gamsreviera gwen
Gamsrudln – a Freid
es taugt eah nimma docht
seit der Be – und Entlüftungs Schacht
für n Tauerntunnel baut woan is

In insane Bachin han in de Tümpfe haufmweis Krebs gwen
se han lang scho nimma da
habm eah mi in Garaus gmacht
is insa Technik a wirklicha Fortschritt
han ma dabei – so an Weg z nehma wia de Krebs

D Viacha um ins umma

BRUATHENN

Insa Bruathenn hintan Haus
wia s grad garitzt lockt und greint
s eascht Mal füaht s de Piepei aus
wei de Sunn so schee woam scheint

A ganz Dutzad lafft iah nah
so kloane wollige Gwuggei
schneidig foaht s mit n Kadan[1] a(b)
tuat sauwild des brave Duggei

Mit neamd toit s iahn Fuaddaplatz
net a Mal mit n Hoh
er suacht sih an andan Kratz
und geht ganz stoitz davo

Sie hat ganz a oagne Sprach
und d Heahrei vastehn s guat
de Gfoahna lauan hundatfach
sie schaut recht auf iah Bruat

Um an Tümpfe machts an Bogn
der is iah net geheia
gwoaht s – docht is a Schaddn gflogn
husig laft s – sie füacht in Geia

Eiche unta d Hollastaudn
da sitzt sie sih glei nieda
a bissei rastn tuat enk taugn
und scho broat s iah Gfieda

Selba tuat s koa Äugei zua
draht s Köpfei ummandsdum
friah geht sie auf d Nacht zur Ruah
langmächtig voa da Sunn

[1] = Kater

HOAMKEMMA IS SCHEE MOANT D SCHWALB

Mein Gspann den han ih hintn lassn
ih bin da – kann s nuh net fassn
mei Hoamatl hidruckt an d Leitn
des han ih gsehn va alla Weitn

Um s Haisl ziag ih a poa Kreis
de oaltn Gmäuer bliahdlweiß
in Stall da muass ih gach umschau
s Nestl wern ma gwiß nei bau

Ih sing und zwitscha volla Lust
d Freid muass aussa aus da Brust
d Bäurin siagt mih und sie lacht
mei Gsangl hat iah s Fruahjoah bracht

VALIABT

Huckt oana auf m Goartnzau
d Liab zreisst eahm schiaga de Brust
laut schreit er s ausse
da Brandröiteibua

gach fliagn s eahm zua
is de Richtig dabei

BRANDRÖITEISCHICKSAL

Gschbreglate Oaschoan untan Brandröiteinestl
sie warmt de Bruat – plustat s graa Westl
a gnöitigs Fliagn a Huschn und Fänga
aufgschbreizte Schnabei in Nestl wiads enga

Oas tuat bessa – hat an endslanga Kragn
a andaschtgfarbs Gfieda – is s aussegradn
wias de Gschwista ban Gfuaddatwerdn ausse beisst
und oans nachn andan aus n Nestl schmeisst

Oarme Brandröitei[1] habts a schwaas Lous
der Ugsteam[2] wachst is riesngrouß
auf da Huat muass s sei ban Fuaddan
sunst vaschlingt as glatt sei Muaddan

Wia sih da Vata mit n Singalerna müaht
is alls umansunst der dalernt koa Liad
werds es rastn bal er suacht des Weit
wissts net da er auf s Joah „Guggu" schreit

[1] = Rotschwänzchen
[2] = Ungestüm

D Schbinnawett

Weg kiaht in da Friah - bis auf d Nacht
is s wieda da in alta Pracht
da kimm ih frei a weng z sinniern
was muass sih des kloa Viehei miahn

Miassat ih in a poa Stund
a Netz bau des mih tragn kunnt
angmacht auf ach glattn Wand
ih woass des waa ih nia in Stand

Eahlich

Da Rupert lockt de Katz:
„Muitzi, li li li." A so lockt sei Muata de Katzn in Stall, bal s d Milli kriagn. Ganz valegn kimmt er za seina Mami: „Muass ih des beichtn, wei ih s Katzei anglogn han?"

Rechtzeitig herlassn

Mit oana Kuah
da keift a Sau:
„Aus de Leit
werd ih net schlau

Se redn mit di
se toan da schee
und mih
mih lassn s oafach steh

Eascht wann ih hi bi
kimm ih z Eahn
an Schweinsbratn
essn s oamal z gern"

„Ih schenk all Tag
so lang ih leb
net da ih alls
auf d Zletzt aufheb

Bi selwa guat
kriag Guatsei wieda"
moant de Kuah
und legg sih nieda

So lock ma insane Vieha

Keussei Keussei hallt s in da Friah
d Sennin de lockt iahne Kiah
Wann s nacha Kurei Kurei schreit
aft kemman d Kaibei va da Weit

Schreit da Baua Hassi Hassi Hass
auf des hearn s Bräurei und da Blaß
s Dianei lockt Dessi Dessi Dessei kemmt s
de Goaß de bleddat und scho rennt s

Hitschei Hitschei des wissn d Schafei
s Gleckat griang s - rennt des ganz Fasei
in Saustall is a mords Spektaki
Wuz Wuzei Wuz beruhigt d Facki

Zan Millitrinkn kimmt de Katz
wanns d Muizi Muizi Muizei sagst
Duggei Duggei Dugg schreit d Muaddan
in alla Friah ban Henna fuaddan

De Bruathenn woaß mit iahni Heandl
schreit s bibibibibi kriagn se de Keandl
gscheid is da Hund schiaga a Wunna
heat a sein Nam aft schwanzlt er umma

Lachn is gsund

Da Rossfex

In easchtn Weltkriag han in insana Gmoa viarzg Roß ausgmustat woan. Habm einruckn miassn. De Bauan habm se all mitanand auf n Weg gmacht. D Roß han aufm Salzburga Hauptbahnhof zan A(b)liefan gwen.

In Glasnbach is a Baua auf d Seit[1] ganga. Wia er de andan wieda dawischt hat, is sei Bräundl stoakrummb gwen.

Nach a poa Stund han de Bauan mit finstane Gsichta wieda hoambeitlt. Des krummb Roß habm de Kaisalichn net megn, des habm s ah ba eah ghab.

Sei Baua is in Glasnbach zuache zan Schmied und hat eahm a Beißzang ausgliechn. Mit der hat er sein Roß in Nagl aussa zochn, den er eahm ban Achifiahn so tiaf gschlagn hat.

„Du Hadalump!" habm s n gschimpft.

Treiherzig hat er gsagg:

„Nach n Kriag bring in selm auf Wean achi und schenk n in Kaisa. Zan Daschiassn daboarmt ma mei Bräudei."

---

[1] = er gab vor, etwas verrichten zu müssen

De zwölf Apostln

Zuatragn hat sih de Gschicht um 1920. Wia ih nuh a Kind gwen bi, is s öfta abgschatzt woan. So wia alls, was mündlich überliefat wird, werd a de Gschicht net hundatprotzentig da Woahheit entsprechn. Obs a so oda a wengl andascht gwen is, kimmt mi voa, is hiatz a scho oa Ding.

Amal han a Fasl[1] Taugla Wildschützn – zwöfe soitn s gwen sei – in Ackaspach umme wildln. Glei nach de Rauhnacht habm s a se aufgmacht. Zan Hoizfoahn is zwenig Schnee gwen. In da Lahnganghüttn habm s a se eiquartiert. Se wern s scho so arg triebm habm, da d Abtnauer Schandarm Wind kriagg habm.

De han mit an Hauffm Jaga eiche in Ackaspach. In alla Friah han s drinn akemma. De Taugla han netta dabei gwen ban Fruahstuck herrichtn. A guade Gamsfleischsuppm hätt s gebm. De habm eah aba d Abtnauer vasalzn. Gfesslt han s woan, d Wilddoipm[2], aft habm s sie s ausse triebm in d Abtnau. Wia an Fasl Schaf. A neddla han strumpfsockad gwen, habm d Schuah nuh net aglegg ghab. Mei ... der Weg hat sih in d Läng zogn. All damlang hat oana auf d Seit geh miassn. A Schandarm hat eahm d Fessln glöist und is umme mit eahm hinta d Staudna.

Nachmittag han s in Markt dabei ankemma. So vie Leit han voa de Haisa gstandn, als wia wann s Houzat schau taatn. Gwisst habm s net, ob s lachn oda rean soitn

„Meinaseel", is in de Abtnauer voakemma, „da habm s ja znichte[3] Jammagstaltn zammgfängt!" De Strumpfsockadn habm s höi nimma dahatscht. D Jaga habm se staad aus n Staub gmacht.

Mittn auf n Marktplatz hat a Fotograf a Gstell mit an Kastl drauf aufbaut ghab. Unta a Voahangei is der eichegschloffm, is aussa kemma und hat Anweisunga gebm. Staad habm hättn se de Gfängtn miassn, koana hätt sih riahn deafm. Lang hat s dauat, bis s eahm passt hat.

Der Gfanga, der was in da Mitt gstandn is, hat scho allwei mit sein Hosnreahm ummanand gnestlt. Wia da Fotograf s letzt Mal in Kopf untas Voahangei gsteckt hat, hat der Mitta blitzschnell d Hosn falln lassn. Er hat sih

umdraht und hat sei allerwertest Hintagstell in natura fotografiern lassn.
In koaner Zeitung is va den Wildschützntrieb a Foto kemma.
In da Taugl habms nacha an Spitznam griagg:
„De zwölf Apostln."

[1] = eine Schar
[2] = Wilddiebe
[3] = kraftlos

D Oabäuerin

Voa da Motorisierung is d Abtnau ganz a agschlossns Gebiet gwen. A Dialekt hat sih haltn, den s sunst ninascht gebm hat.
Habm d Abtnauer auf Halla[1] ausse miassn, hand s z Fuaß auf Golling auf n Zug ganga.
A ältas Muatal hat auf Halla ausse Oa vakaft. A poa Stund nach Mittanacht hat s va dahoam fort geh miassn, aft is s in da Friah mit de Oa z Halla akemma. Ban Hoamfoahn is s in Zug a weng eignapfitzt.[2]
Wia s in Schaffna schrei gheat hat „Golling-Abtenau", hat s s Muatal grissn, sie is auf und ausse van Zug. S Oakerbei hat s mit iahn Gschusslwer[3] vagessn. Wia s dran denkt hat, hat s gwoaht, da Schaffna is scho wieda ban Eisteign. Sie hat n angflogn und hat n beddlt:
„Bitt dih gouschee, schwarzkappita Louchzwicka, Tiarl Auf- und Zuareissa, tua ma aussa mei Kerbei!"

[1] = Hallein
[2] = eingeschlafen
[3] = Hektik

GEBIRGLARISCH

Betriebsausflug nach Kaprun. A guats Dutzad Busse am Parkplatz. Massenbeförderungsmittl Schrägaufzug. Scheene Aussicht. Obm ankemma, eihe in an Bus. Der is grammelt voi. Wia wann da Leibhaftig hinta ins her waa, foaht da Schaffeur. Er foaht eihe in enge Felslöcha und wetzt um de Kurvm, wia da Teife. Weil ih grad nuh an Stehplatz dagaddert han, beitlds mih gscheid ummanand.
Zwo Stundn habm ma dawei zan alls Anschau. Üba d Staumauer geh. A hoabe Stund nebm an Stausee za da näxstn Hittn zrugghatschn, mehr geht sih net aus.
Ban Zruggfoahn habm ma nimma all in oan Bus Platz. Auftagglte Stöckeischuah Bergfexn habm sih drunta gmischt. A andana Foahra wia ban Herfoahn, foaht aba genau so spinnat.
Dunkegrea liegt da unta Stausee in da Tiafm, weit unta da Straß. Fleckviechkaiwei liegn vastraat an sein Ufer. Werd eah taugn in da Sunn. Auf oan Mal springt a blonde, a weng a ältane Fenstaplatzsitzan auf.
„Kuk mal, kuk mal, Schildkröten!"
De schrill Stimm übaschlagg sih schiaga.
„Willi, kuk Schidkröten!"
Sie rempelt iahn Oidn an.
Er: „Jibs denn so waat! Tatsächlich!"
Eddla Foahrgäst grinsn.
„Wo sehn denn Sie Schidkrötn?", fragt a Eiheimischa.
„Am Ufer, sind eben aus dem Wasser jekommen!"
„Des han Koalma!"
„Waat solln dat see?"
„Rindviecha han s."
De auftagglt Stöckeischuah Bergfexin schnappt um Luft.
„Waren sie schon mal am Meer?", zischt s in Eiheimischn an.
„Naa, zweng waas?"
„Siehste! Dat Meer nich jesehn! Keene Ahnung haben von Tieren. Sie wür-

den einen Löfen auch als Koama anschaun. Ik sag es Ihnen, nur eenmal, nur eenmal Siiii … Siii …"
In Bus a mords Glachta.
De auftagglt Stöckeischuah Bergfexin schnauft wia a Roß, des a Heifuada üba a stikkene Tennsbruggn ziacht. D Nasn baatzt s an d Fenstascheibm, sie mecht nuh vie va de Schidkrötn sehn.

ANGEBM

Mit ach Kuah hat oana va da Summarau aussa Hoiz gfoahn. Is eahm a andana mit sein Fuchsn nachkemma. S Fuchsei, eh a letz Gstell, wia wann s in Schinda auskemma waa. A weng gspreizt hat da Roßfuahmann zan Kuahfuahmann viari gschrian:
„Auf d Seit mit deina Anzngladan[1], bei mir geht sih a Trabbal[2] aus."

[1] = Spottwort für Zugkuh
[2] = Trab

DE GROUSS WELT

Zwoa Tauglabauanleitl habm eah easchts Auto kriagg, an Käfa. In Sunntag Nachmittag habm s glei schneidig an Ausflug gmacht, umme zan Kinigsee. Wia sie in See z sehn kriagt hat, hat s zu eahm gsagg: „Na Oida, d Welt is grouß!"

GSTANZL

Heit stell ih enk de Taugl vie
ih tua mih sauschwa
wei singa des kann ih net
halleluja

Liegg stoareich und waldreich
üban Salzatal obm
eigrahmelt va de Berg
tiafi Schluchtn wild z klobm

Is gsunkat und gnockat
was is den scho ebm
da Kirchplatz da Tanzbodn
und s Kammal danebm

De Taugla des hand halt
kreizlustigi Leit
za jedn Bledsinn aufglegt
selm net leicht z keit

Ban Geh auf da Ebm
hebm s d Haxn weit auf
den Gang hands halt gwöhnig
se gehn viel bergauf

Wähln toan de Taugla
grad d ÖVP
se traun eah nix andas
se füachtatn d Höll

Se hand rabmschwoaz
se scheissn schier Ruaß
moan da zweng an Schwoazsei
da Himmi offm sei muass

Da oanzig Sport friahra
is s Widlngeh gwen
de altn Klachin am Stammtisch
heast heit nuh vazöhn

Zammgschossn habm s alls
was voa d Büchs kemma is
bis d Jaga an Funk griagg habm
voa den habmans Schiß

De Technik hat s ghoit
va de labm Tück
de Junga vasuachn
ban Sportln eah Glück

Kam ih nuh Mal auf d Welt
aft bitt ih voa alln
lass mih fei wieda
in de Taugl abafalln

ZÄHNDREISSN

Zan Zahnarzt geh, hat s friahra net daliddn. Hat a Zahnd recht weh tan, hat n da Kiachnwirt grissn.
In an Sunntag nach da Kiach kimmt a Baua mit ach gschwoina Babbm zan Wiacht eiche und haltn an, er soit eahm in Zahnd reissn, der hat n eh scho eddla Nacht net schlafn lassn.
Mittn in da Stubm huckt da Baua auf an Stuih. Staad is woan, alls schaut ganz gspannt. A Zeitl steht da Wiacht mit n Zangl in da Hand nebm an Bauan. Galling sagg er za eahm:
„Zeascht soitst halt a Mal de Pfeif aussatoa"

DE BRIADA

Zwee Briada habm irwan nach Kiachn a weng büaschtlt. Ba eahn Silbaknopfleibe, habm s all Hoabe an Knopf auftan. Bal s Leibe off gwen is, habm s eascht Mal zoahlt. Aft habm s wieda zuaknöpfet, is s Leibe zua gwen, habm s wieda zahlt. Da Hansjörg hat vie daliddn, aba in Michi hat s nach a neddlas Mal auf und zua knöpfen scho a weng gwandlt. Da hat aft da Hansjörg zan Michi gsagg:
„Muasst halt grad 19 Halbi trinkn, wann s d 20 net daleidst."

Da Student

„A Bischof wird a bestimmt mei Pauli". Hat a Bäuerin gsagg. Des hat in Bauern grad an Lacha kost.

„Weibaschatz!", hat er da drauf meistns za da Antwort gebm. Er is ja so fleißig da Pauli. Des eascht Joah in erzbischöflichn Gymnasium hat er a guats Zeignis hoambracht. Bald is s nimma so guat ausgfalln.

„Latein dapackt er halt net ganz so leicht, aba für an Dechand", hat de Bäuerin zan Bestn gebm, „glangt s oanawegs leicht".

Wia da Pauli drauf kemma is, dass zwoaraloa Leit gib, hat er mit da Studie nix mehr in Sinn ghab und is auf und davo in da Stadt.

Da Bauer hat in Lanzing netta zwiespannig Mist gfüaht, wia eahm da Pauli mit n Koffa ban Wegkreiz gengt is. Der hat was daher giggitzt, da er Latein net dapackat. Da Vata hat net lang gloost, er fragt n:

„Was hoasst Mist auf lateinisch?"

„Mististus". Sagg zag da Bua.

„Und Gabi?"

„Gabulus."

„Und was hoasst nacha Ochs ha?"

„Ochsus", sagg kloalaut da Bua.

Da schreit n da Vata an. „Du Ochsus nimm de Gabulus und leg in Mististus auf!"

DA FUAHMANN

Schneitztiachi gschniebm hat s, wia a Taugla Stadtrandbauanbua mit da Liabi Kniddln gfoahn hat, van Zimmaregg aussa
Wia er aufglegg ghab hat, hat er mit da Hosn geh miassn[1]. Er is umme hintan Palfm und hat de Kuah steh lassn. Mei bis er sih azochn hat, d Händ kloa dafreat, und bis er sih wieda andalegg hat, is a scheens Zeitl vaganga. Wia er halt zu sein Gfuahwer[2] hikemma waa, is s nimma dagwen. D Spur hat s ah scho vaschniebm ghab. „Mei", hat er eahm denkt, „d Liabi is gscheid, de findt ohni meina ah hoam." Dawischt hat er s bis hoam net. Aba dahoam is ah net gwen. Schee staad han aft a poa Leit suachn ganga. Finsta is woan, galling habm s de Kuah bleachn[3] gheat. Sie is net weit kemma gwen, a Drimme nebm an Weg is mit n Schliddn zwischn zwee Baam hänga bliebm.
D Schuikinda habm va daselm weg an neichn Spruch ghab ban Schliddnfoahn:
Aussi aus da Bahn
in Hansn is de Kuah ban Sch..... davo.

---
[1] = das große Geschäft verrichten
[2] = Gespann mit aufgeladener Fuhre
[3] = brüllen

Sparsam

A Baua hat an Tuck ghabt: All Joah hat er eahm in Gollinga Markt a dicke, boachate Untahosn kafft.
Bal s aft gscheid koalt woan is, hat as anglegg, und bis auf d Lanzing Feldoarbat nimma azogn. Da is er nacha aussa aus dera Untahosn hat s zammgwuzlt und eighoazt. Sagt s net ah, was dera Bäuerin Oarbat daspoat bliebm is.

Da Scherz

Da obig Fuahmann hat in Viberg ent sei Menschin[1] ghab. In Stefanitag is er Scherzschneidn ganga. Scherz schneidn, net grad a Scherzl. Bei da Raid[2], bei da Ambros Kapelln, is er netta nuh daschloffm, aba ban Gruabm Wandl habm in Johannstag de Kinda de Ziwögn[3] acha gfieslt.

[1] = Freundin
[2] = Kurve
[3] = Zibeben

Hat früahra a Diandl nach Parfüm grochn,
habm s de Buam als „Maorastangei"[1] verschrian!

[1] = Majoranpflänzchen

FAKKETANZ[1]

An an scheen Samstag habm ma zwoa Enkei vier und siebm Joah oalt, in Mirabellgoatn zoagg.
Festspieeröffnung is an den Tag gfeiat woan. Bekannte habm ma troffm, de habm gsagg: „Mi woatn aufm Fakketanz, mecht s net ah dableibm?"
In Fakketanz woitn de zwoa Menschei unbedingt sehn. Was tuat oans net alls für seine Enkei. Mi han halt umme in d Altstadt. Meinasöi is s da zuaganga! Haufmweis han d Leit untawegs gwen. Auf an niadn Platzl is musiziert woan. Schauspiela und Gaukla. Oa Schauspielagruppm is va da Residenz aussa kemma, de hat eah goa a so gfalln. De han üban Residenzplatz umma, umme hintan Dom, nacha hand s eiche in de Kapitlschwemme. Da habm s aft weiter eahne Spassetln gmacht. De Diandln habm gnuag zan Schau ghab.
Um halbe Neune habm ma grad nuh a freis Platzl an da Absperrung am Residenzplatz dagaddert. Z koalt hat s ins net wern kunna, mi han bald va Leit eikeilt gwen. Stundnlang han ma auf oan Fleckei gstandn. Godd sei Dank habm ma ins anloahn kunna. De Diandln habm brav gwoat, koan Raunza habm ma z hean kriagg, so lang ma gwoat habm.
Wia aba da Fakketanz anganga is, woitn s unbedingt hoam. Eddla Figurn va den zaubahaftn Tanz habm ma ins angschaut, aft habm ma de Sempara nachgebm, habm ins aus de Leit aussa gschöt und han hoamgfoahn.
Ban nächstn Bsuach han is gfragg de Diandln:
„Hat a enk gfalln da Fakketanz?"
„Naa, da han koane Schweindln gwen!", pfudert de Kleana.
In da Gach bin ih baaf[2] gwen.
„Geh, so was Faads!", sagt de Gröißa.
„Da habm ja koane Fackin[3] tanzt, grad Leit!"

---

[1] = Fackeltanz
[2] = sprachlos
[3] = Schweine

GIERIG

Vier tägiga Seniorenausflug. Loschiert wird in an vier Sterne Hotel an an Kärntna See. S Frühstückbüffet spielt all Stückei. Vawöhnt werdn de Gäst, wia wann s Kaisa waan.
D Mariann is s eascht Mal in so ach nobeln Hürwig.[1]
„Na, na ,na", wundat sie sih, wia s des siacht.
„A so Haufm guats Zoig, na, na, a so a Übafluß!"
Va alln nimmt s was. Kostn muaß s alls. Vie kennt s ja goa net. An mords Berg vadruckt s. Lötz is iah. Z Mittag hat s koan Hunga.
Den andan Tag nimmt s nuh meahra va de guadn Sachn, hoilt nuh was nach. Sie hat d Jackn mit de groussn Säck an. In de vaschwind, was zan Eischiabm tuat. Lötz is iah net, aba z Mittag bracht s nix achi.
D Lies hat iahne Augn übarall. Sie bleamet da Mariann iah Vageh prompt da Obfrau eichi und woass wia übatreibm tuat s ah nuh dazua.
D Obfrau a recht resulute, tauscht mit da Lies ban nächstn Fruahstuck in Platz und sitzt nebm da Mariann. Wia de des eascht Mal was eischiabat, hat s d Obfrau.
„Nix da! Mitgnumma wird nix! Zamm essn was da ghoit hast!" „So was Gierigs", denkt s iah.
D Mariann pampft und pampft. Da Schwitz rinnt iah acha.
D Obfrau des stur Weibaleut steht net auf. Da Speisesaal laat sih nach und nach. In zehn Minutn soit Abfoaht sei.
Da Mariann is, wia wann s bald platzat. Grausn tuat iah. Mit Müah und Nout druckt s des letzt Obst ache. Wuascht, a Semmei und Kas schoppt s eiche in s Maui. Aft rennt s zruck in s W. C. S Maui woit s auslaan, aba da Magn hat nimma mittan. Er hat gscheid übagebm. Erleichtat ziagt s d Spülung. In Aufzug trifft s schiaga da Schlag...
„In Godds Nam, in Godds Nam!", jammat s, de Knia wern iah woach.
S Beisswerkzeig, s unta und des oba hat s ba da Übagab her lassn.

---

[1] = Herberge

Gugl hupf

Da Michael deaf a Woch bei de Großeltern bleibm. Dahoam vazöht da Bua: „Da Oma iahne Palatschinkn hoassn Mamalett und d Oma hat an Guglhupf gmacht, des is grad a Kuachn gwen, ih han gmoant, des is was Hupfats."

Deitschunterricht

Sagt mir Sätze mit dem Worte – ohne
da Tee is net guat ohne Zitrone
da Vata geht ohne Rock zur Arbeit
brav hat sih da Leahra gfreit
da Schurl fuchtlt mit da Hand
d Muata geht kiachn ganz ohne Gwand

Zaam[1]

A Satz is auf da Tafe gstandn. Haustiere sind zahm. D Nani, hat sunst nia aufzoagt, aba mit den Satz is net eivastandn. „Frailein, da hast an Fehler gmacht", sagts.
„So, Nani, was ist falsch?"
„Des, des hoasst richtig, Haustiere brauchen an Zaam!"
Mit den hat d Frain nix afanga kunna. „Erkläre mir bitte, wo zu brauchen Haustiere diesen Zaam." „Zan Stiafoahn brauch man halt."

[1] = Zaumzeug

In da heilign Nacht

A Baua is a rechta Schlafa gwen, kam is er in d woarm Stubm eiche kemma hat er scho gschnoacht. In de Rauhnacht hat dasöig vier Rousnkranz nachranand acha gleiert. Hat alls sei Ordnung ghab. Ba da Schami voan Tisch is er kniat, rechta Hand sei Oidi und linka Hand sei ältesta Bua da Sepp. Nach de Bänk umme de jüngan Kinda und de Deanstboddn. Ban zweitn Rousnkranz hat amal da Baua in Kopf auf de Tischplattn glegg und scho hat er mit n Voabetn ausgsetzt. De Bäuerin is eigsprunga. Nach a neddla Gsetztln reisst s in Bauan. Er stousst in Seppm eiche: „Wo han ma denn?"
Der sagg seelnruhig: „Herr verleih …!"

Da Ministrant

A Buarei is in da easchtn Klass scho a eifrega Ministrant gwen. D Muata is mit eahm zan Rousnkranz ganga. Laut hat da Bua mit seina gloggnhelln Stimm mit n Herrn Pfarra in freidnreichn Rousnkranz voabet. Ban letztn Gsetzl wird d Muata stutzig. Da Bua bet was andas wia da Herr Pfarra. Ban Hoamgeh lasst s eahm in Rousnkranz aufsagn. Ban letztn Gsetzl bleibt iah schiaga s Herz steh.
„Der mit der Jungfrau in Tempel rumgehüpft ist", sagg da Bua.

Mondscheineg

In de Voimondnacht is da kloa Kali allwei recht unruhig. In so ach Nacht huckt er auf da Stiagn, auf seiner Duchent drauf und meutat:
„Mei Schliddn der Hund geht net!"

KETTNREIM

Zwegn de Schwadn
kimmst net z Schadn
auf da Gradn
in Berchtsgadn
is a Ladn
da habm s Fladn
de habm Madn
han am Fadn
in den Ladn
auf da Gradn
in Berchtsgadn

oooooooooo

Es hilft mih koa Rearn
kunnt nuh so laut plärrn
neam wi mih hean
krank kunnt ih wean

Ih hab deacht an Kean
miassat mih weahn
ih lass mih beleahn
und ziag aus de Leahn

Tua vor meina Tür keahn
schau auf zu de Stean
tua mi selwa grad ghean
zünd an a Latern

oooooooooo

Da Vafassa
is a Nassa
trinkt koa Wassa
so a Prassa

Geht oana auf da Straß
tragt naglneiche Schuah
lassn durch - er wird nass
so a hupfads Getua
ja was war denn das
sei Has laft eahm zua
se gengan durch s Gras
kriang van Scheetoa net gnua
biang eiche in de Gass
s Diandl und iah Bua
fragat ah nuh zweng was
in Kammal findn s Ruah
is grad er und sei Has

oooooooooo

Wann wer was gwinnt
und sih net bsinnt
kann sei dass zrinnt
und er dann spinnt

oooooooooo

Se sagn enk Bschoad
trag ih d letzt Pfoad
aft gebt s ma s Gloat¹
habm oa a Load
steh auf wia s Troad
auf guata Woad

¹ = Geleite

Mei eascht s Eis

In da zweitn Klass habm ma an Ausflug gmacht auf Salzburg ache. Fünf Schilling hat der Spoass kost. Mit an Autobus habm ma foahn deafm. Zeascht han ma in d Wassaspiele ganga. Durch n Zwerglgoatn han ma durche zan Hirschgoatn[1]. A Wärta hat da Frain vazöht, de Gweihhirsch habm d Ami abgschossn, drum habm s grad nuh a neddla Hirschtiere ghab und an Rehbock.
Nacha han ma ache in d Stadt. In Dom is hübsch weit hint a Mauan gwen. Durch a Fensta habm ma durche schau kunna. Hintbei habm ma Leit auf an Baugrüst oarbeitn gsehn. Nacha han ma mit da Festungsbahn za da Festung auffe gfoahn. Da habm ma a Führung ghab.
Wia ma wieder herunt in da Stadt gwen han, habm oanige a Eisstandl daspächt. „A Eis, a Eis!", habm s gweddat. „A Eis hiatz in Summa" han ih ma denkt, „des kann nix Gscheids sei!"
D Frain hat ins aufzoagn lassn wer a Eis mag. Va lauta Gschaft han ih ah aufzoagg. A Niads hat iah zwoang Groschn gebm miassn, aft hat s ins angschafft, all beinand z bleibm.
Sie is nacha mit iahn Diandlschürzei voi Eis kemma. S Eis is a einpapierlts runds Wuzei gwen, auf oana Seit is a Stabei voagstandn. S Papierl han ih glei achagrissn und weil ih zan Essn nia z faui gwen bin, han ih ah gach eichebissn. An Schroa han ih tan und han s Eis weggschmissn. Meine Mitschüler habm se bogn va lauta Lachn.

---

[1] = Aus dem damaligen Hirschgarten, wurde später der Tiergarten Hellbrunn.
  Besagter Ausflug fand 1949 statt.

Nix toa

Goa nix toa – mei waa des schee
netta aufsteh essn Häuslgeh
zwischn durch grad liegn und loahn
und in Gedankn Woikn zoan

Mei Urlaubs Wunsch der wird erfüllt
mei nixtoa Hunga der wird gstillt
Geburtstagsgschenk – a Flugticket
Tunesien – mit n Düsnjet

Bissl Gwand in Koffa druckt
scho werd ih in Fliaga ghuckt
Mann und Kinda weit van Schuss
oa Woch alloa und koan Vadruss

s Meer is blau rauscht zan Strand
nix wia Wassa feina Sand
zan Badn trau ih mih net nei
a Tafe da und drauf a Hai

Frühstückbüffe da schlag ih zua
erst s Halb probiert leider gnua
Dinner ziagt sih a poa Stund
dahoam so toa – kaamst auf n Hund

Am Montag tuat s ma netta taugn
de ganze Zeit in Himme schaugn
in Dianstag bring ih ah guat umma
hoassa Wind – in Mai scho Summa

In Mittwoch mag ih am Strand net liegn
s Gstell tuat weh – in Zimma bliebn
in Dunnerstag han ih a Tiaf
dass ih in koa Gwand nei schliaf

s Essn bringand s ma in s Zimma
bi so frouh – lang dauat s nimma
in Freitag muass ih deacht aufsteh
für d Enkei Muschlsuachn geh

Kann mih net buckn – allse spannt
was is den oamal mit mein Gwand
de Suacherei de gib ih auf
weil ih s ah net recht daschnauf

In Samstag packn – Kramer laffn
für meine Enkei Muschln kaffn
Endlich hoam fliagn – Godd sei Dank
van Nixtoa wurd ih sicha krank

INSA TÄGLICHS BROUT

Mit ins is dahoam in Dialekt gredt woan. Koa bissl andaschta, habm d Eltan mit ins Kinda gschatzt, grad a so, wia sa sih mit de Nachbarn oda mit da Vawandtschaft untahaltn habm.

Grad de Gebete han de meahran nach da Schrift bet woadn. S Vata unsa habm ma in meina Kindheit oft am Tag gemeinsam bet. Als Friah und Nachtgebet, bei jeda Moahzeit voa und nachn Essn als Tischgebet. Hat s oft ah nix Rars gebm, aba BROUT habm ma allwei gnuag ghab.

Mit da Vataunsabitt: „Gib uns heute unser tägliches Brot!", da han ih mords Probleme ghab.

Hätt ma aba ah net z fragn traut, was des „Brot" hoasst. Wei, was ma bet habm, des hat passt. Da hätt s nix zan Deitln gebm.

De Kaibimilli is s Kaibibroot gwen, za den Trank was d Muata aus Lein und Achtamehl für de Kälbakiah gmacht hat, habm s ah Broot gsagg.

Zwengwas[1] ma um des Broot für n Stall, – a so han ich gmoant – so oft in Tag in ‚Himmidati' bittn miassn und in da Kiach ah um des gleich bitt habm, des is ma bis auf s Schuigeh net eiganga.

[1] = warum

So habm de Deastboddn üba de Kost gspötlt

"Hoh ruck!", hat a Baua a weng z laut ban Hoizauflegn gschrian. Da Knecht hat sih woih auskennt: Bessa aufhebm soit er.
"Ja mei", grinst er, "han ih d Haxn beinand daheb ih nix, steh ih mih broatghaxat dazua aft rinnt ma s Koch aus."
(Der hat sih übas Koch in da Friah lustig gmacht)

Üba a speri Kuchi:

Ba ins kunnst dih unschinierda mit da Feiatagshosn in d Muaspfann eiche huckn, brauchats da net fürchtn dass s ebban goa schmirweg wurd.

Üba a oanseitige Kuchi:

Ba ins gib s 365 Koch in Joah.

Is s gsparig herganga:

A Langsama gangad ba ins ei

Hauerliad

Friahra hat sih net a jeda a Hackeeggn kaffm mögn. De koane ghab habm, de habm Tagwerka angstellt. De habm aft in ganzn Acka mit de Haun ghäult. A Schindarei.
Ba oan is Schmalhans Kuchimoasta gwen. Nachn Mittag habm d Hauer gsunga:
„Saggra Bua s Kraut is sauer,
fuchzehn Krapfm, sechzehn Hauer."

So hat a Bäuerin um a Dirn gwoarbm:

„Ba ins gang s da guat, d Millifoafin ess ma dick!"
(Gmoant hat s, mit da Kost spart s net)

SCHLAFMIDDL

Oa lesn Liabsgschichtn recht zoat
andane Krimmi grausig hoat
oa mäng s Wassa platschtln hean
oda an Wildbach in da Fern
taugt s oan wann da Wald staad wispelt
oda voa n Fenster d Lindn lispelt

A neddla tuan gern Musi loosn
schwörn oa auf route Pyjamahosn
trinkt iawan wer a Flaschl Bier
braucht da anda drei a vier
da oa isst mit Genuss an Äpfe
oa klaubm de Guatzln aus an Töpfi

Oan hilft a altbewährta Saft
den oan Tablettn dass er schlaft
brauch nix va alln – deaft s mas glaubm
ih tua mein Sägewerk vertraun
des dunke Ziagn bringt ma d Ruah
umme draht und d Augn zua

s oanzig – es vertragt koan Kumma
sunst saglts net – walzt lautlous umma
is er z friedn mei liaba Mann
dann rüasslt er – so guat er kann
mit der Schnarcherei han ih koa Gfrett
woahscheinlich schnarch ma in Duett

SCHWAA ZAN ERKLÄRN

A Bauer zoagg seine Berlina Gäst in Stall.
„Zwei prächtige Bullen", gib da Berlina zan Besten.
„Der da is a Ochs", erklärt da Baua.
„Wieso, sehen doch beide gleich aus?"
„Netta net ganz!"
„Erklären sie mir bitte den Unterschied an den beiden."
„Ganz oafach, da Stier soagt für n Nachwuchs in Stall."
„Aha, der Ochse kann das nicht."
„Na."
„Ist er schon zu alt?"
„Na, na, han hübsch glei alt."
„Ist er Zwitter?"
„Na, gwiss net!"
„Hat er das Geschäft nicht erlernt?"
„Ah geh, des daleant woih a niada."
Die Berlinain hat bis hiatz zuagloost.
„Wenn ich euch beiden zuhorche, muss ich lachen, ist doch ganz einfach: Ihr seid beide Männer, der Bauer sorgt für Nachwuchs und du mein Schatz bist ein Ochse."

TEENAGER

Ih han als jungi Bäurin gern d Salzburger Voikszeitung glesn. A Mal bin ih bei an Wort hängabliebm:
„Teenager"!
Teenager, was ebban des füa oa han? Durch eah rasante Foahweis auf de Pistn, gefährdn s de übringa Pistnbenutza.
Teenager, ih kann s ninascht eireihn, in da Schui habm ma seitnweis Fremd – oda Lehnwörta durchgnumma.
Wann ih bei Teenager s G als ‚sche' lies wia bei Garasch oda Schandarm, aft hoassat s Teenascha. Des is ma eascht recht sinnlous voakemma. D Schwiegamuata hat gmoant:
„De wern halt in Tee tschiggn[1], net aufsiadn".
Wia s aft de Zeitung glesn ghab hat, hat s gmoant: „De wern aus an andan Land sei." Aus n Erdkunde Untaricht han ih s genau gwisst: In Europa gibt s koa Teenagien oda Teenaschien. Nordamerikana kunnand s net sei, und Afrikana zeascht net.
Na is deacht ganz vareckt gwen, schiaga in a niadn Zeitung is irgend ebbas üba Teenager gstandn: Amal han zwe Teenaga mit da Maschin va eahn Vatan vaunglückt, a andas Mal hat zweng a Raffarei zwischn Teenagern d Schandarmarie kemma miassn. Da hat s ba mi gfunkt: „Teenager des miassn insrige sei, de blousfuassad üba Gsetza drübasteign." De Moanung hat ah grad ghaltn, bis ih wieda glesn han: „Für Teenager werd s net leicht sei, nach da Schui an Leahrplatz z findn." Ih bin ganz aus n Haisl gwen.
Mit n Briaftraga han ih mih eh guat verstandn, ih han eahm an Jausn gebm. Aft han ih mei ganzi Schneid zammpackt und han gfragt:
„Was han den de Teenager für oa?"
Da Loda hat Augn und Maui aufgrissn: „Ha, was moanst Bäurin?"
Ih han eahm a Zeitung unta d Nasn ghaltn und han auf a so an Teenager zoagg.
„Ah, des kimmt aus n Englischn und des spricht ma Tinetscha aus."
Drauf is mei Maui offmbliebm: „De..de..Tin..de Tinetscha han Englända?"
„Geh Bäurin, Jugendliche han des."

[1] = kauen

Wandadischgua

Heit is Familienwandatag
füa d Eltan fei a echte Plag
da Bua an Grand er is ganz z keit
de Hatscharei de is eahm z weit

Er reat eahm toan scho d Haxn weh
a Bladdal hätt er am kloan Zeh
er moant wann er a Vogl waa
aft taat er sih koa langs so schwaa

Er kunntat überall auffe fliagn
Schuahdruck taat er a koan gschbian
da da Raunza abglenkt werd
hat eahm da Papa ernst erklärt

Als Vogl miasst dih ich kanns sagn
um s Übalebm ganz damisch plagn
als Adla hättst grad dei Revier
waast ganz alloa neam hätts d nebm dir

Ih mecht a Schwalb koa Adla sei
hm wann s rengat schauatst saudumm drei,
in Fliagn da fängan d Schwalbm de Muckn
und regn s aft bleibm de selwing¹ huckn

Als Zugvogl hättst am End Malheur
kunnt sei du findast nimma her
a Zugvogl kuul waa des a Hit
da foahrat ih mit n Schnellzug mit

¹ = dieselben

Was da Baua net kennt ...

Ende de Viazgajoah, in voaregn Joahhundat, han mei Schwesta und ih, in an hoassn Summatag auf Golling Buddantragn ganga. Friah in Vormittag han ma blousfuassad üban Markt auffe trabbet. Der is um de Zeit nuh wia ausgschtoam gwen. Mitanand habm ma a viaeggati Strouhtasch tragn, in der han a neddla[1] Buddastriezei glegn.
Ban Weidinga hat a Herrische – a so habm ma daselm zu de Summafrischla gsagg – in d Auslag eiche gschaut: „A Ägyptan", sag i, de is genau a so gwandt gwen, wie d Varaonentochter in da biblischn Gschicht, de in Moses in Binsnkerbei aus n Nil fischn hat lassn.
„Griass Godd", habm ma gsagg, wia ma auf ra Nahad hi kemma han.
D Ägyptan hat sih umdraht und hat freindlich mit ins tan. Aus n Kiddlsack hat s a gelbs Heandl aussa tan, des hat s ins highab und hat ganz liab mit ins in ach fremdn Sprach gschatzt. Mi miassn ganz vadaddat drei gschaut habm, woitn an iah vorbei. Sie aba hat net nachgebm. S Heandl hat s a weng anbrochn, aft hat s a dicke Haut halbat abazochn, va den Eiwending hat s a Bröckei ababrochn und hat s in iahn Goidzahnmaui vaschwindn lassn. A ... haa ... was zan Essn! Kapiert!
„Bitti, bitti Geltsgodd!", habm ma gsagg, habm da Herrischn d Hand gebm und han husig weidaganga. Ih han zeascht kost.
„Pfui Teife ... a so a laba Baaz!"
Nacha hat d Wawi a weng gleckt dran.
„Na", hat s gsagg, „des mag ih net! Am End is eh gifteg."
Üba d Schuitan habm ma zruggspächt, ob ins d Ägyptan deacht net nach schaut. Aba de is ins voakemma, is eh angwachsn ban Weidinga seina Auslag dabei. Üban Baaz habm ma d Schö[2] wieda schee drüba tan, aft habm man ban Voggei auf s Fenstabanke glegt.
Ebba guade zehn Joah späda hat s ba insane Krama sela[3] Heandln z kafm gebm, und de habm Bananen ghoassn.

[1] = ein paar, [2] = Schale, [3] = solche